Jakob Fugger der Reiche

kleine bayerische biografien

herausgegeben von
Thomas Götz

KARIN SCHNEIDER-FERBER

Jakob Fugger der Reiche

Kaufmann, Bankier, Kaisermacher

Verlag Friedrich Pustet
Regensburg

Bibliografische Information der Deutschen Nationalbibliothek
Die Deutsche Nationalbibliothek verzeichnet diese Publikation in der Deutschen Nationalbibliografie; detaillierte bibliografische Daten sind im Internet über https://dnb.dnb.de abrufbar.

Gutenbergstraße 8, 93051 Regensburg
Tel. +49 (0)941/920220, verlag@pustet.de

ISBN 978-3-7917-3599-3
Umschlag- und Reihengestaltung: www.martinveicht.de
Satz: Vollnhals Fotosatz, Neustadt a. d. Donau
Druck und Bindung: Friedrich Pustet, Regensburg
Printed in Germany 2025

Diese Publikation ist auch als eBook erhältlich:
eISBN 978-3-7917-6278-4 (epub)

Inhalt

Einleitung: Die Welt in Aufruhr – das turbulente Jahr 1525

Im Dezember 1525 liegt in der Reichsstadt Augsburg ein Mann auf dem Sterbebett, der zu den reichsten, mächtigsten, meist bewunderten, aber auch meist gehassten Persönlichkeiten seiner Zeit zählt: Jakob Fugger, genannt »der Reiche«. Dieser Kaufmann und Unternehmer, der Päpsten, Kaisern und Fürsten als Bankier stets zu Diensten war, der mit den Herrschern aus dem Hause Habsburg vertrauensvoll zusammenarbeitete, ein weitläufiges Handels- und Korrespondenzen-Netz über ganz Europa unterhielt und dabei so viel Reichtum anhäufte, dass es manch einem schon als unanständig erschien, hat die Möglichkeiten, die ihm sein Jahrhundert durch den Aufschwung des Handels- und Finanzsektors bot, voll ausgeschöpft. Er darf sich im Glanze seines Erfolges sonnen.

Doch inmitten der Pracht seines weitläufigen Palais am Augsburger Weinmarkt (heute Maximilianstraße), in dem er sich zur letzten Reise bettet, blickt der Sterbende gleichzeitig mit gemischten Gefühlen auf sein Leben zurück: Seine Welt ist 1525 nicht nur im Umbruch, sondern mehr noch in Aufruhr! Die Reformation, die der Wittenberger Augustinermönch Martin Luther 1517 durch den Anschlag seiner 95 Thesen ausgelöst hat, beendet die Einheit von Kirche, Krone und Reich, für die Fugger stets sein Kapital in die Waagschale geworfen hat. Die Kritik am Ablasshandel der Kurie betrifft ihn unmittelbar, ist er doch am Transfer der Gelder nach Rom organisatorisch beteiligt. Luther stellt die grundsätzliche Frage: »Wie sollte das immer mögen göttlich und recht zugehen, dass ein Mann in so kurzer Zeit so reich werde, dass er Könige und Kaiser auskaufen möchte?« und fordert in seinen Schriften, man möge »den Fugger und dergleichen Gesellschaften einen Zaum ins Maul« legen – ein Frontalangriff auf die Profitmaximierung nicht nur Fuggers, sondern aller großen Handelshäuser. Neid auf seine Person kann der

66-Jährige noch verkraften, einen Prinzipienstreit ums Geschäft dagegen nicht, geht dieser doch an die Wurzel seiner unternehmerischen Tätigkeit. Der Disput um die Rechtmäßigkeit von Monopolen, Gewinnen und Kreditzinsen vergällen Jakob Fuggers letzte Jahre und beschäftigen ihn bis zum letzten Atemzug.

Zum »annus horribilis« wird ihm das Jahr 1525. Im Reich tobt der Bauernaufstand und gefährdet den Fuggerschen Besitz in seiner ganzen umfangreichen Palette. Sowohl die Landgüter in Schwaben als auch die wertvollen Bergwerke und Hütten des Alpen- und Karpatenraums drohen verlorenzugehen. Besorgniserregende Nachrichten treffen in der Augsburger Firmenzentrale ein: bewaffnete Bauerntrupps vor den Toren der Stadt Weißenhorn, Verwüstung der Firmenräume in Tirol durch aufständische Bergknappen, Enteignung der Bergwerke in Oberungarn (heute Slowakei) durch die ungarische Krone. In die religiösen Forderungen der Reformatoren mischt sich schwer zu bändigender sozialer Sprengstoff.

Selbst in Fuggers Heimatstadt Augsburg greift die Unruhe immer stärker um sich. Zum Zeitpunkt seines Todes kann er sich nicht einmal mehr sicher sein, dass die Karmeliterkirche St. Anna, in der er mit großem finanziellen und künstlerischen Aufwand seine Grabkapelle hat einrichten lassen, immer katholisch bleiben würde. Just am Weihnachtstag des Jahres 1525 feiert man hier zum ersten Mal in der Stadt den Gottesdienst nach der neuen Lehre und reicht das Abendmahl in beiderlei Gestalt. Der Prior des Klosters, Johannes Frosch, hat den Konvent verlassen und geheiratet. Viele Mönche sind aus dem Orden ausgetreten, nur noch acht bleiben dem alten Glauben treu.

Wir wissen nicht, wie sich Jakob Fugger in seinen letzten Tagen und Stunden fühlt, welche Ängste ihn plagen. Selbstbekenntnisse sind von ihm nur spärlich überliefert. Der Kaufmann verschwindet als Mensch ganz hinter seinem Geschäft, rechtfertigt sich selten, dann aber bestimmt: »Viele, wie der Welt Lauf, sind mir feind. Sagen, ich sei reich, und ich **bin** reich von Gottes Gnaden, jedermann ohn Schad«, schreibt er

Blick in die Maximilianstraße: An Augsburgs Prachtmeile wohnte die Hautevolee der reichen Handelsstadt. Auch die Fugger hielten hier früh Immobilienbesitz.

Herzog Georg von Sachsen scheinbar ohne Reue in einem seiner Briefe.

Ein letztes Mal ändert er sein Testament am 22. Dezember 1525, verteilt an Arme, Klöster, Kirchen und die städtische Armenfürsorge reiche Gaben, schreibt sein Begräbnis in St. Anna fest, gibt aber seinen Erben und Neffen Spielraum, die Stiftungsgelder nötigenfalls anders zu verwenden, falls das Kloster dem katholischen Glauben verloren gehen sollte.

Den Heimgang des großen, reichen, vielfach beneideten Mannes kündigt der Himmel an: »Vor seinem Tod ist um Vesperzeit am Christtag zu Augsburg ein vorgehendes Zeichen ob unser lieben Frauenkirchen erschienen, ein schwarzer Regenbogen, den manniglich gesehen haben«, notiert der Benediktinermönch Clemens Sender in seiner um 1536 verfassten Augsburger Stadtchronik. Still, fast möchte man sagen: friedlich, stirbt Jakob Fugger in den frühen Morgenstunden des 30. Dezember 1525, begleitet nur von einer Magd und dem geschätzten Prediger Ottmar Nachtigall. Zu seinem Gedächtnis hinterlässt er der Nachwelt drei Stiftungen in Augsburg: seine Begräbniskapelle in St. Anna, die weltberühmte Fuggerei – eine Armenwohnsiedlung in der Jakobervorstadt – sowie eine Prädikantenstelle an der Kollegiat- und Pfarrkirche St. Moritz, der er als Gemeindemitglied angehört hat. Alle drei bestehen bis heute.

Das Urteil der Zeitgenossen über ihn schwankt. Der schriftstellernde Mönch Clemens Sender gehört zu seinen Parteigängern und ist voll des Lobes über ihn, den treuen Katholiken. »Frömmigkeit, Ehrbarkeit, Treu und Glauben und Gerechtigkeit sind in seinem Herzen zuhause gewesen«, so der Mönch in seiner Stadtchronik. »Er ist eine Zier gewesen des ganzen deutschen Landes, besonders der Stadt Augsburg.« Zu einem anderen Urteil kommt dagegen Jakobs Schwager Wilhelm Rem in seinem zwischen 1523 und 1527 entstandenen Geschichtswerk »Cronica newer geschichten«, in dem er, den protestantischen Blickwinkel vertretend, einen kritischen Standpunkt gegenüber seiner angeheirateten Verwandtschaft einnimmt und ihr mit spitzer Feder Prasserei und Hybris vorwirft.

Die Unternehmer-Familie selbst gibt eigene Arbeiten zu ihrem Gedächtnis in Auftrag. So schreibt der Ratsdiener und ehemalige Schustermeister Clemens Jäger zwischen 1542 und 1548 im Auftrag von Hans Jakob Fugger, einem Großneffen des Verstorbenen, ein »Ehrenbuch«, das in Wort und vor allem Bild der berühmtesten Vertreter der Familie gedenkt, um »die fuggerische Ehr, über lange Jahre und künftige Zeit, in gutem Gedächtnis« zu behalten. Zusammen mit der ebenfalls von Jäger verfassten »Fuggerchronik« gehört dieses Buch mit seinen Illustrationen – obwohl Auftragsarbeit mit eindeutiger Tendenz – zu den wichtigsten Quellen der Fuggerforschung.

500 Jahre nach seinem Tod ist der reiche Jakob der Nachwelt immer noch ein Rätsel geblieben. Seinen Erfolg mag man bewundern, als Mensch bleibt er einem fern. Ein kinderloser alter Mann, traumhaft reich, vielfach angefochten – was hat ihn angetrieben? Wer im Abstand von einem halben Jahrtausend auf seinen Spuren wandelt – was in seiner Geburts- und

Heimatstadt Augsburg trotz zahlreicher Kriegsverluste immer noch möglich ist –, blickt zurück auf eine äußerst dynamische Epoche an der Wende von Mittelalter zur Neuzeit. Selbst für Männer bürgerlicher Abkunft sind um 1500 große Karrieren möglich. Viele nutzen damals ihre Chance zum wirtschaftlichen und sozialen Aufstieg, doch keiner bringt es so weit wie Jakob Fugger – er ist ein Kind seiner Zeit und gleichzeitig ihr erstaunlicher Solitär! Sein Epitaph in der Grabkapelle der Augsburger Annakirche bringt dies in gezierten lateinischen Worten zum Ausdruck: »Wie er bei Lebzeiten niemandem zu vergleichen war, fand er nach seinem Tod unter den Sterblichen nicht seines gleichen.« Unvergleichlich und unvergessen ist er bis heute. Seine Marmorbüste steht in der Walhalla bei Donaustauf im Kreis der größten Deutschen.

1 Vom Glück der Tüchtigen: Eine Familie steigt auf

DER AHNHERR HANS FUGGER

Mit dem dürren Vermerk »Fucker advenit« verzeichnet das Augsburger Steuerbuch für das Jahr 1367 die Ankunft des Webers Hans Fugger aus dem Dorf Graben in der aufstrebenden Handels- und Gewerbestadt am Lech. Hans, der Großvater Jakob Fuggers des Reichen, mit dem das Ehrenbuch die familiäre Ahnengalerie eröffnet, folgte damit einem allgemeinen Trend. Stadt und Land waren wirtschaftlich vielfach miteinander vernetzt und befruchteten sich gegenseitig. Seit dem Hochmittelalter hatte sich in Augsburg ein spezialisierter Textilsektor entwickelt, zu dessen Gedeihen die Leinwandweber des Umlands mit ihren Webwaren wesentlich beitrugen. »Schwäbisches Leinen« zählte bereits zu den nachgefragten Exportgütern, bevor eine technische Neuerung aus Italien dem bodenständigen Geschäft einen regelrechten Booster verpasste: In der zweiten Hälfte des 14. Jahrhunderts ging man dazu über, dem aus heimischem Flachs hergestellten Leinwandgewebe einen Schuss Baumwolle beizugeben. Dieser neue, Barchent genannte Stoff hatte gegenüber dem herkömmlichen Leinen seine unbestreitbaren Vorteile: Er galt als angenehmer zu tragen und leichter einzufärben.

Da nach den Pestwellen des Spätmittelalters die Gewerbestrukturen in Europa stark einbrachen, verlagerte sich die Herstellung von Barchent zunehmend von den oberitalienischen Produktionszentren mit Schwerpunkten in Pavia, Piacenza, Cremona, Verona und Bologna auf den Nordalpenraum – genauer gesagt auf die Region zwischen Bodensee, Donau und Lech, wo der Schwarze Tod nicht gar so heftig gewütet hatte und noch genügend, vor allem in der Weberei erfahrene Arbeitskräfte zur Verfügung standen. Hierher lieferten nun schwäbische Fernkaufleute die für den Barchent nötige Baumwolle, die über Venedig aus Syrien, Ägypten und

Der Einwanderer Hans mit seinen beiden Ehefrauen Clara Widolf (l.) und Elisabeth Gefattermann (r.). Die Partnerinnen aus ehrbaren Weberfamilien erleichterten dem ersten Fugger in der Stadt den sozialen Aufstieg. – Seite aus dem »Ehrenbuch der Fugger«, von Johann Jakob Fugger (1516–1575) in Auftrag gegeben.

anderen östlichen Mittelmeerländern importiert wurde. Augsburgs Lage nahe an den Alpenpässen erwies sich dabei als besonders günstig für den Fernhandel nach Italien.

Da der Barchent preiswert herzustellen und somit massentauglich war, etablierte sich um 1400 zudem ein neues Produktions- und Vertriebssystem: der Verlag. Die städtischen Fernkaufleute lieferten die Rohbaumwolle auf Vorlage (also auf Kredit) an die Landweber und nahmen die in Heimarbeit erstellten Endprodukte dafür zu festgelegten Preisen ab. Den Mehrwert, den sie mit den Stoffen auf den Exportmärkten erzielten, strichen sie als Gewinn ein. Da die Landweber auf die Preisgestaltung keinen Einfluss hatten, gerieten sie häufig in Abhängigkeit und Verschuldung. Wer sich dagegen an Handel und Vertrieb beteiligte, durfte auf gute Profite hoffen. Fast schon explosionsartig nahm die Barchentproduktion zu: 1410 wurden in Augsburg bereits 85.000 Tuche hergestellt und auf den großen Messen von Frankfurt, Köln, Prag, Breslau angeboten.

Hans Fugger scheint diese neuen Verdienstmöglichkeiten im Auge gehabt zu haben, als er nach Augsburg einwanderte. Sein Heimatdorf Graben lag kaum 20 Kilometer südlich davon auf dem Lechfeld und gehörte ohnehin zum Besitz des Augsburger Domkapitels. Eine Zuwanderung in die Stadt lag daher nahe. Fugger kam auch nicht als armer Mann, denn er leistete bei seiner Ankunft bereits eine Vermögenssteuer, was auf ein solides Startkapital schließen lässt. Dieses investierte er vermutlich nicht mehr nur in einen Webstuhl, sondern vor allem in Handelsgeschäfte, die gleichwohl archivalisch nicht dokumentiert sind. Darauf, dass er in seiner neuen Heimat rasch Fuß fasste, lässt nicht zuletzt der »Familiennachzug« schließen, denn sowohl sein Bruder Ulin als auch seine verwitwete Mutter zogen ihm wenig später nach Augsburg nach, was vermutlich nicht geschehen wäre, hätte er keine Erfolge vorzuweisen gehabt. Noch lebte Fugger zur Miete in einem Haus nahe der Heilig-Kreuz-Kirche, wie das Ehrenbuch zu berichten weiß, doch es dauerte nicht lange, bis er größeren Wohlstand erwirtschaftete.

Augsburgs Wirtschaft im Spätmittelalter

Schon das Augsburger Stadtrecht von 1276, das Rechte und Pflichten der Bürger und Handwerker regelt und gegeneinander abgrenzt, gibt einen Einblick in das ausdifferenzierte Gewerbeleben der schwäbischen Metropole. Genannt werden darin spezialisierte Handwerke wie Gerber, Schuhmacher, Weißlederer, Kürschner, Weber, Schneider, Bäcker, Metzger, Brauer, Fischer, Gold- und Messerschmiede sowie andere mehr. Die Weber nahmen bereits eine starke Stellung ein, denn Leinwand wurde nicht nur für den heimischen Markt, sondern auch für den Export produziert.

Seit etwa 1300 kontrollierte die Stadt mit Hilfe von Leinwandschauen die Qualität von Tuchen, auch jener, die vom Land kamen. Die Umstellung auf Barchent verlieh dem Textilsektor einen enormen Schub, der nicht nur den städtischen, sondern auch den ländlichen Webern und dazu allen mit der Tuchherstellung verwandten Gewerben, etwa Färbern, Spinnern, Spulern oder Schneidern, zugutekam.

Um 1500 arbeiteten etwa 1000 Webermeister in der Stadt, ein Jahrhundert später hatte sich ihre Zahl verdoppelt. Der Barchent blieb vom Spätmittelalter bis etwa in die Zeit des Dreißigjährigen Krieges der Faden, an dem Augsburgs Wirtschaft hing. Reichtum und Macht der Stadt gingen auf ihn zurück.

Der Satz »Handwerk hat goldenen Boden« bewahrheitete sich jedoch nicht für alle. Krasse Gegensätze zwischen Arm und Reich kennzeichneten die städtische Gesellschaft. Während Fernhändler und Verleger zu hohen Gewinnen kamen, verarmten andererseits abhängige Webermeister und -knechte, Tagelöhner sowie andere Kleinstgewerbetreibende. Da die Konjunktur zudem schwankte, brach der Export für Tuche immer wieder ein und führte zu weiterer Verelendung der Unterschichten.

Zur Mitte des 15. Jahrhunderts rechnen Forscher mit etwa 80 Prozent der Steuerpflichtigen, die nicht in der Lage waren, Vermögen zurückzulegen, und bei Krisen, Krankheit oder Alter auf Leistungen aus dem Almosenkasten angewiesen waren. Andererseits konzentrierte sich der Reichtum in der Hand einer hauchdünnen Schicht von etwa 5 Prozent der Bevölkerung.
Die enormen Spannungen entluden sich immer wieder in inneren Unruhen und Aufständen. Schon ein Jahr nach Hans Fuggers Zuwanderung kam es in Augsburg zu einem Handwerkeraufstand, in dessen Folge die vornehmen, bislang politisch dominierenden alteingesessenen Geschlechter – Patrizier genannt – ihre alleinige Herrschaft abtreten und mit den entstehenden Zünften teilen mussten.
Doch zur Ruhe kam die Stadt trotz der eingeführten Zunftverfassung aus dem Jahr 1368 nicht. Kriegsgefahren sowie steigende Steuerlast gaben weiterhin Anlass zu Unzufriedenheit. Im 16. Jahrhundert traten zu den sozialen Problemen noch die religiösen Unruhen infolge der Reformation hinzu.
Über alle Krisen hinweg blieb die Weberzunft aber ein bedeutender Faktor im Augsburger Wirtschaftsleben. Mehr als ein Viertel der steuerpflichtigen Haushalte arbeitete in der Tuchproduktion. 1389 erwarben die Weber ein stattliches Haus am Moritzplatz von der Patrizierfamilie Ilsung als Zunftzentrale, das sie prächtig ausschmücken ließen. Die wertvolle Zunftstube mit gewölbter Holzdecke und umfangreichem gotischen Bilderzyklus von 1457 ist heute noch im Bayerischen Nationalmuseum München zu bewundern, wohingegen der Originalbau des Weberhauses längst zerstört ist und 1913 durch einen historisierenden Neubau ersetzt wurde. Im Weberhaus ging auch der erste Vertreter des Hauses Fugger in seiner Eigenschaft als Mitglied des Zunftvorstands ein und aus.

Das Weberhaus am Moritzplatz war die Zentrale der mitgliederstarken Weberzunft. Herstellung und Handel mit Barchent bescherten der Stadt und ihren Zünften lange Wohlstand.

STUFEN DES SOZIALEN AUFSTIEGS

Hans Fugger vollzog seinen Aufstieg über zwei vorteilhafte Ehen: Die Heiraten mit den Webertöchtern Clara Widolf (um 1370) und nach deren Tod mit Elisabeth Gefattermann (1380) brachten ihm nicht nur das Augsburger Bürgerrecht, sondern auch die Wahl in den Zwölfer-Ausschuss der Weberzunft ein, in der sein Schwiegervater Gefattermann seit 1386 als Zunftmeister amtierte. Als Mitglied des Zunftgremiums gehörte Fugger gleichzeitig dem Großen Rat der Stadt an und übernahm später sogar selbst Ämter in der kommunalen Finanzverwaltung.

Seinen Erfolg markierte der Zuzügler sichtbar durch einen Hauskauf. Nach seiner zweiten Heirat hatten er und seine Frau zunächst im Anwesen der Schwiegermutter am Gögginger Tor gelebt. Das Gebäude, das die Schwiegermutter vom Chorherrnstift St. Moritz in einer Art Erbpacht hielt, lag nicht weit vom Kloster St. Anna entfernt in der heutigen Färbergasse, damals noch eine städtische Randlage. Doch mit

Hans Fugger erwarb nahe dem heutigen Moritzplatz ein stattliches Gebäude in der Maximilianstraße. In diesem Haus, nach späteren Umbauten mit Terrakottaköpfen von Elias Holl am Erker verschönert, kam 1459 Jakob Fugger zur Welt. – Fotografie von 1938.

dieser Wohnsituation war 1397 Schluss: Hans kaufte ein eigenes Haus in bester Zentrumslage, nämlich das »Haus am Rohr«, schräg gegenüber dem Weberzunfthaus nahe am Moritzplatz gelegen. Für die Immobilie an der belebten Reichsstraße (später Maximilianstraße 21) musste Fugger den hohen Betrag von 500 ungarischen Gulden für die Verkäufer, den Gürtler Heinrich Grau und dessen Ehefrau, auf den Tisch legen, wusste sich dafür aber in guter Nachbarschaft angesehener Augsburger Handels- und Patrizierfamilien. Auf einem alten Stadtplan von 1521 ist zu erkennen, wie das »Haus am Rohr« einst aussah: Es besaß zu ebener Erde zwei rechteckige Ladenfenster, darüber zwei Obergeschosse, am ersten Stock einen hübschen Erker und über dem zweiten Stockwerk einen Giebel mit zwei übereinanderliegenden Fenstern. An der rückwärtigen Seite fiel das Gelände zum Hunoldsgraben ab.

Hier befanden sich Stallungen für bis zu sieben Pferde und ein Keller. Ein aus dem Jahr 1565 stammendes Häuserverzeichnis führt die Kammern und Stuben auf, die sich auf die verschiedenen Geschosse verteilten. Allein im vorderen Gebäudeteil lagen acht Kammern, zwei Stuben, eine »Kuchel«, ein »Schreibstüblin«, zuunterst drei Kohlekammern, ein Goldschmiedeladen und ein Keller. Im hinteren Teil zum Hunoldsgraben hin befanden sich weitere Stuben und Kammern, eine Küche und eine Werkstatt. Zum Leben und Arbeiten bot das Haus, das nach Kriegsverlusten heute nicht mehr erhalten ist, einer wachsenden Kaufmannsfamilie also genügend Platz.

Weiteren Immobilienbesitz kaufte Hans in den folgenden Jahren hinzu, so das Haus seines verstorbenen Bruders Ulin in der Nähe von St. Ulrich sowie Grundstücke und Höfe in den Dörfern Scheppach und Burtenbach. Soweit es die Steuerbücher erkennen lassen, hatte er damit sein Vermögen beträchtlich vergrößert. Er zählte zwar nicht zu den reichsten Bürgern der Stadt, doch mit angesehenen Familien wie den Langenmantel oder den Ilsung hatte er inzwischen gleichgezogen. Kurz vor seinem Tod belief sich sein Vermögen auf über 2000 Gulden. Das Ehrenbuch vermerkt lobend, dass er nach den Maßstäben seiner Zeit »gar große Habe« besessen habe und »reich gewesen« sei. Hans Fugger starb um 1408/9 und fand sein Grab auf dem Friedhof von St. Moritz. Er hinterließ keine unvermögende Witwe: Elisabeth Gefattermann-Fugger konnte mit ihren beiden halbwüchsigen Söhnen Andreas (* 1394/95) und Jakob (* nach 1398) trotz des Trauerfalls zuversichtlich in die Zukunft blicken.

Sie muss eine überaus tüchtige Frau gewesen sein, diese Elisabeth, Tochter des Zunftmeisters Hans Gefattermann, die nicht nur den guten Namen ihrer Familie, sondern nach dem Tod ihrer Mutter auch das Hofgut beim Gögginger Tor an die Fugger brachte. Ihre 28 Jahre währende Witwenschaft wusste sie klug für die Mehrung ihres Reichtums zu nutzen. Von den fünf Söhnen, die sie geboren hatte, waren ihr zwar nur zwei geblieben, doch diese beiden erzog sie umso sorgfältiger. Sie gab sie bei zwei Goldschmieden in die Lehre und führte sie in die Geheimnisse der Handelswelt persönlich ein. Das Vermögen ihres verstorbenen Gatten verdoppelte Elisabeth und rückte damit auf die 27. Stelle der vermögendsten Bürger vor. Dieser Erfolg lässt sich nur durch ein Engagement im Fernhandel erklären, an dem später ihre erwachsenen Söhne teilnehmen sollten. Das Erfolgs-Trio versteuerte im Jahr 1434 gemeinsam knapp 5000 Gulden.

Bis zu ihrem Tod 1436 behielt die Witwe die Zügel der Geschäfte in den Händen. Danach gingen die beiden Söhne beruflich nur noch eine Weile gemeinsame, ab 1454 jedoch getrennte Wege. Andreas, der die Kaufmannstochter Barbara Stammler ehelichte, wurde zum Stammvater der Fuggerlinie vom Reh; Jakob der Ältere, der Barbara, die Tochter des Goldschmieds und Münzmeisters Franz Bäsinger, heiratete, begründete die Linie der Fugger von der Lilie, wie man die Familienzweige später nach ihren jeweiligen Wappenfiguren bezeichnete. Letzteres Paar brachte den später so berühmten Jakob Fugger den Reichen hervor.

JAKOB FUGGER DER ÄLTERE UND BARBARA BÄSINGER

Hans Fuggers Sohn Jakob machte eine wahrhaft gute Partie: Barbara Bäsinger entstammte einer der reichsten Familien der Stadt, wenn auch ihr Vater später als Bankrotteur von sich reden machen sollte. Doch bei ihrer Hochzeit am 13. April 1441 trübte noch kein Wölkchen den aufgehenden Ehehimmel. Das Paar richtete sich im »Haus am Rohr« ein und brachte in 27 Ehejahren elf Kinder hervor. Fast im Jahrestakt kam der Nachwuchs zur Welt: 1441 Ulrich, 1443 Andreas, 1444 Anna, 1445 Hans, 1448 Markus, 1450 Peter, 1453 Georg, Barbara 1455 und Walburga 1457; den berühmtesten Familienvertreter Jakob den Reichen brachte Barbara 1459 zur Welt, und danach traf noch Ursula 1461 ein. Nicht alle Geborenen überlebten die ersten Kinder- und Jugendjahre. Der Tod war häufig zu Gast in der Familie. Andreas und Hans starben – kaum erwachsen – in Venedig, Peter in Nürnberg im Alter von nur 23 Jahren und den für den geistlichen Stand bestimmten Markus, der in Rom als Schreiber an der päpstlichen Registratur gerade eine vielversprechende Karriere begonnen hatte, raffte der Tod im Alter von 30 Jahren hin.

Zur wachsenden Kinderschar und den damit einhergehenden familiären Verpflichtungen traten die umfangreichen geschäftlichen Tätigkeiten des Vaters hinzu, die häufig mit seinen Abwesenheiten verbunden waren. Dennoch lohnte sich die Schinderei: Fugger mehrte den ererbten Reichtum und nahm 1466 bereits den siebten Rang in der städtischen Vermögenshierarchie ein. Dass er nun ganz auf den Fernhandel setzte, beweist nicht zuletzt sein Übertritt zur Kaufmannszunft 1463. Der Vertrieb von Gewürzen, edlen Stoffen, Barchent und Baumwolle warf eindeutig mehr ab als die Herstellung eigener Stoffe am Webstuhl. Die Ausbildung seiner Söhne richtete er entsprechend darauf aus: Zwei von ihnen, Andreas und Hans, schickte er zur Ausbildung nach Venedig, einen anderen, Peter, in das fränkische Handelszentrum Nürnberg.

Zusätzlich übernahm Jakob der Ältere noch einige zeitraubende Ehrenämter im Dienst seines Handwerks und seiner Stadt: So saß er nicht nur im Zwölferausschuss der Weberzunft, sondern auch im Großen Rat, amtierte als Leinwandschauer, als Ungeld-Einnehmer (eine Art Verbrauchssteuer) und als Richter am Stadtgericht.

Dazwischen musste das viel beschäftigte Paar noch für Ausbildung und Verheiratung der Söhne und Töchter Sorge tragen. Gerade die Mutter Barbara, die nach dem Tod ihres Mannes 1469 allein dem Familienverband vorstehen sollte, zeigte auf diesem Felde außergewöhnliches Geschick. Es gelang ihr, für die Kinder Ehepartner aus den vornehmsten Augsburger Familien zu gewinnen. Ihre Schwiegersöhne und -töchter kamen aus den Häusern Lauginger, Imhof, Rem, Meuting und Mülich. Durch diese Allianzen rückten die Fugger ein ganzes Stück höher in der sozialen Hierarchie, denn die gut verheirateten Sprösslinge durften nun in der Herrenstube Platz nehmen, einem elitären Treffpunkt der Oberschicht, zu dem nur patrizische oder mit diesen verschwägerte Familien Zutritt hatten. Da das Patriziat sich als ständische Gruppe seit 1368 nach unten abgeschlossen hatte, bot nur die Einheirat in eine »stubenfähige« Familie die Chance, in die Spitzengruppe der städtischen Elite vorzurücken. Für die geselligen Zusammenkünfte der Herrenstube, bei denen im Vorfeld von Ratssitzungen selbstverständlich auch über Politik geredet wurde, stand ein eigenes Haus am Perlach zur Verfügung; phasenweise traf man sich auch im städtischen Tanzhaus. Bei den exklusiven Geschlechtertänzen, die die Herrenstube zu besonderen Anlässen ausrichtete, schwangen fortan auch die Fuggerkinder das Tanzbein. Höher konnte man zu diesem Zeitpunkt nicht steigen, denn erst 1538 sollte sich das personell ausgedünnte Patriziat wieder neuen Familien öffnen – zu den 38 »Auserwählten«, die dabei Aufnahme finden sollten, zählten auch die Fugger von der Lilie, die bis dato »nur« zu den »Mehrern der Gesellschaft« gezählt hatten.

Die äußerst tüchtige Witwe Barbara Bäsinger-Fugger warf aber ihre Energie nicht nur in das Arrangement von Hochzeiten, sondern vor allem ins Geschäft. Sie mehrte das Vermögen auf über 23.000 Gulden und verdoppelte es damit. Zwar verliert das Ehrenbuch der Fugger kein Wort über ihre herausragenden kaufmännischen Fähigkeiten, doch bis zu ihrem Tod 1497 leitete die Witwe mit Hilfe der älteren Söhne erfolgreich ihre Firma, vergrößerte den Landbesitz, intensivierte die Handelstätigkeit mit Venedig, dehnte die Geschäfte über Nürnberg in den Osten und Norden Europas aus, billigte erste Geldgeschäfte mit der Kurie und dem Haus Habsburg. Als die rührige Frau die Augen für immer schloss, hinterließ sie ein wohlbestalltes Haus; ihre ältesten Söhne waren in die Welt des Handels eingeführt.

DER BENJAMIN DER FAMILIE: JAKOB FUGGER DER REICHE

Der später berühmteste Spross der Familie, Jakob Fugger der Reiche, erblickte am 6. März 1459 im Augsburger Stammhaus das Licht der Welt. Er war der siebte und jüngste Sohn des Ehepaares Fugger und das vorletzte von insgesamt elf Kin-

Der Ehe Jakob Fuggers des Älteren mit Barbara Bäsinger, Tochter eines reichen Münzmeisters, entstammten elf Kinder, darunter auch der berühmteste Vertreter des Hauses, Jakob Fugger der Reiche. – Kupferstich von Dominicus Custos, 1618.

dern – also zunächst nur einer unter vielen. Von seinem ältesten Bruder Ulrich, der längst an der Seite seiner Mutter ins Unternehmen eingestiegen war, trennten ihn volle 18 Jahre – Welten hinsichtlich Lebens- und Berufserfahrung. Beim Tod seines Vaters war Jakob erst zehn Jahre alt und als

1473 verlieh Kaiser Friedrich III. den Söhnen Jakob Fuggers des Älteren ein eigenes Wappen. Es zeigt im gelb-blau gespaltenen Schild eine doppelte Lilie in verwechselten Farben; auf dem Schild einen Helm mit Büffelhörnern und Lilie dazwischen in nämlichen Farben. Seitdem nannte sich die Familie »Fugger von der Lilie«. – Illustration von Jörg Breu im »Ehrenbuch der Fugger«, zwischen 1545 und 1549.

Halbwaise im Reifungsprozess ganz auf Mutter und Geschwister verwiesen.

Welche Eindrücke nahm Jakob in seiner frühen Kindheitsphase wohl auf? Als wohlhabender Kaufmannssohn führte er ein privilegiertes Leben in einer quirligen Handels- und Gewerbestadt. Er wuchs in einem großzügigen Haus an der zentralen Reichsstraße auf, erlebte das Eintreffen von Waren und Nachrichten aus weit entfernten Ländern, hörte Gespräche der Erwachsenen über Bilanzen und Gewinne. Das Interesse an der weiten Welt wird er mit der Muttermilch aufgesogen haben. Doch ebenso eindrücklich dürften ihm die spektakulären Pleiten seiner Verwandten aus der Linie Fugger vom Reh und Bäsinger vor Augen gestanden haben (siehe Kasten S. 26 f.), die wie ein Schatten über der Familie lagen. Sie zeigten ihm früh, wie eng Chancen und Risiken des Kaufmannsberufs miteinander verknüpft waren, wie rasch sich selbst hart erarbeiteter Reichtum wieder verflüchtigen konnte. Eine freie Berufswahl stand ihm aber nicht offen, denn in den süddeutschen Handelshäusern war es üblich, dass alle Familienmitglieder im Unternehmen mitarbeiteten und ihr Kapital, ihren Fleiß, ihre Leidenschaft mit in die Firma einbrachten.

Mit der Endlichkeit des Lebens kam Jakob durch den frühen Tod seiner Geschwister und seines Vaters in Berührung. Die spätmittelalterliche Kirche bot feste Rituale zur Bewältigung von Trauer, Tod und Jenseitsängsten. Die Mutter war fromm. Sie erwarb in der Gemeindekirche St. Moritz einen Kirchenstuhl und spendete als Mitglied der Ulrichsbruderschaft fleißig für den Neubau von St. Ulrich. Jakob tat es ihr nach: Auch er besaß in seinem späteren Leben einen engen Bezug zur Religion. Er spendete für Kirchenbau und wohltätige Zwecke, nahm Anteil am Gemeindeleben in St. Moritz und sorgte sich um sein Seelenheil sowie um seine letzte Ruhestätte. Wie seine Mutter und seine Brüder unterstützte er früh den Kirchenbau von St. Ulrich.

Und welcher Stolz erfüllte ihn wohl, als seine Familie 1473 den kaiserlichen Wappenbrief mit dem gespalteten Schild und den gold-blauen Lilien empfing! Kaiser Friedrich III.

»bedankte« sich mit diesem Gunsterweis für die freundliche Unterstützung durch Ulrich Fugger, der ihm Seidenstoffe und wertvolle Kleidung hatte zukommen lassen, als er gerade mit seinem Sohn Maximilian auf dem Weg zur Brautwerbung nach Burgund und knapp bei Kasse gewesen war. Das wertvolle Pergament war Ehre und Verpflichtung zugleich: Die Familie setzte zum Sprung nach oben an, doch die aktiven Fuggermitglieder mussten den »Platz an der Sonne« erst noch behaupten.

Wo Jakob seine ersten Schuljahre verbrachte, ist nicht dokumentiert. Ob er eine der städtischen Pfarrschulen besuchte oder zu Hause unterrichtet wurde, ist nicht bekannt. 1471 bekam er über seinen älteren Bruder Markus, der in Rom ein eifriger Sammler kirchlicher Pfründen geworden war, eine Chorherrenstelle im fränkischen Stift St. Veit in Herrieden zugeschanzt, die mit Einkünften von acht Mark Silber verbunden war. Das war nicht unklug, denn die Erträge kamen in der Regel der Ausbildung der jungen Pfründeninhaber zugute. Dass für Jakob damit schon eine geistliche Karriere geplant war, wie man früher annahm, ist jedoch wenig wahrscheinlich. Vermutlich hat er das Stift nie betreten. Die kirchliche Stelle bot eine Option auf die Zukunft, aber mehr auch nicht. Eine Universitätsausbildung, wie sie sein Bruder in Leipzig absolviert hatte, um eine höhere geistliche Karriere zu beginnen, hat Jakob nie aufgenommen. Wie er selbst später bekannte, verstand er kein Latein. Stattdessen wandelte er auf anderen Pfaden: Im April 1473 ist seine Anwesenheit in Venedig dokumentiert.

Pleiten, Pech und Pannen: Die Bankrotteure der Familie Fugger

Das Schicksal der Fugger vom Reh schwebte wie ein Damoklesschwert über den Köpfen aller übrigen Angehörigen der Sippe. Andreas, der älteste Sohn des Zuwanderers Hans Fugger aus Graben, hatte nach der geschäftlichen Trennung von seinem jüngeren Bruder Jakob zunächst recht geschickt seinen Handel weiterbetrieben. Doch er starb bereits 1457. Seine Witwe und später sein Sohn Lukas übernahmen das Geschäft. Lukas erwarb sich mit seinen Brüdern durch den Handel mit »Spezereien, Seide und wullin Gewand« großen Reichtum – er verklagte sogar Landweber, wenn sie nicht rechtzeitig den Barchent ablieferten, den er in ganz Europa vertrieb. Sein Handelsnetz erstreckte sich von Italien – hier vor allem Mailand und Venedig – über Nürnberg und Frankfurt an der Oder bis in die Niederlande und nach England.

Lukas und seine Familie – er hatte aus zwei Ehen 13 Kinder –, die sich seit der Verleihung eines kaiserlichen Wappenbriefes (1462) »vom Reh« nennen durften, waren in Augsburg hochgeachtet. Der Familienpatriarch übernahm städtische Ehrenämter und glänzte durch sein generöses Auftreten. Doch der Einstieg ins Kreditgeschäft wurde ihm zum Verhängnis: 1489 lieh Lukas Fugger König Maximilian I. Geld zur Bezahlung seiner Söldner in den Niederlanden, wo der Witwer gerade um das burgundische Erbe seiner jung verstorbenen Gattin Maria kämpfte. Die Stadt Löwen übernahm zwar die Bürgschaft für den Betrag, weigerte sich aber zu zahlen, als es darauf ankam. Die reiche Handelsstadt in Brabant konnte es sich leisten, Zahlungsaufforderungen nicht nachzukommen. Lukas strengte einen Prozess vor dem Reichskammergericht an, den er auch gewann, doch selbst die Verhängung der Reichsacht zwang die Metropole nicht in die Knie. Fugger, der den Kredit vorwiegend mit Hilfe von Fremdkapital aufgebracht hatte, geriet in massive Zahlungsschwierigkeiten. Die Gläubiger, die von seinem Unglück Wind bekamen, forderten unerbittlich ihr Geld zurück und trieben ihn in den Ruin. Der Glücklose verbrachte seine letzten Lebensjahre im Dorf Graben, woher sein Großvater einst gekommen war. Sein weitaus bedeutenderer Vetter Jakob Fugger der Reiche kaufte ihm kurz vor seinem Tod 1512 seine Güter in Graben und Burtenbach

ab. Keiner von Lukas' Nachkommen fasste als selbständiger Kaufmann jemals wieder Fuß.
Nicht weniger tragisch nahm sich das Schicksal von Barbara Bäsingers Vaters Franz aus, dem Schwiegervater Jakobs des Alten aus dem Familienzweig der Lilie. Er war Goldschmied und Münzmeister von Augsburg, ein sehr reicher und geachteter Mann, der seine Stellung dazu nutzte, ins Edelmetallgeschäft einzusteigen. Auf den Silberhandel der Stadt besaß er eine Art Monopol, da er ein Vorkaufsrecht auf das zur Münzprägung notwendige Edelmetall hatte. Doch mit seinem Silberhandel häufte er auch immense Schulden an – nach den Angaben eines zeitgenössischen Chronisten gar 24.000 Gulden. Obwohl ihm der Kaiser einen Zahlungsaufschub vermittelte, war er 1444 zahlungsunfähig und geriet in Augsburger Schuldhaft – ein Skandal größten Ausmaßes. Nur ein Schuldenerlass der Gläubiger und eine Bürgschaft von Seiten seiner Verwandten, darunter der Fugger, halfen ihm wieder auf die Beine. Bäsinger kehrte seiner Heimatstadt den Rücken und ging nach Schwaz in Tirol, wo er später verstarb. Seine Tochter Barbara zeigte als Witwe Jakob Fuggers des Älteren eine deutlich glücklichere Hand in der Führung ihres Unternehmens.

2 Lehrjahre eines Kaufmannssohnes: Venedig und die Welt

KÖNIGIN DER HANDELSSTÄDTE

Mit 14 Jahren in Venedig! Auf Jakob Fugger wartete die große Welt, als er jung und neugierig in die Lagunenstadt kam. Augsburg zählte um 1500 vielleicht 19.000 Einwohner, Venedig dagegen fast zehnmal so viele. In der von Kanälen durchzogenen Serenissima trafen die Verkehrswege aus dem Orient mit denen aus dem Okzident zusammen – hier lag folglich der Nabel der (Handels-)Welt. Das merkantile Herzstück der von Kaufleuten geführten Republik bildete das Quartier um die Rialtobrücke, wo dicht gedrängt abwechselnd mächtige Warenspeicher, kleine Ladenlokale, Marktstände, Buden und Wechseltische standen. Auf der (noch) hölzernen Rialtobrücke, der ältesten Brücke über den Canal Grande, herrschte stets dichtes Gedränge; Händler aus aller Herren Länder

Der Nabel der Handelswelt lag im Mittelalter in Venedig. Die Geschäfte wurden hier vornehmlich im Viertel um die Rialtobrücke getätigt. Gleich daneben befand sich das »Hauptquartier« der deutschen Kaufmannschaft, der Fondaco dei Tedeschi.

feilschten hier um ihre Geschäfte; in ihren Kontoren lagerte alles, was das Herz begehrte: Gewürze, Baumwolle, Seide, Juwelen, Elfenbein, Glas, aber auch Massengüter wie Salz, Getreide und Erze.

Wer diesen geübten Kaufleuten über die Schulter blickte, konnte allerhand Neues erlernen, denn in der Stadt setzten sich neue Methoden der Buchführung und des Geldverkehrs rascher durch als anderswo. Wer Waren über weite Strecken hinweg verhandelte, mit unterschiedlichen Währungen und Maßeinheiten hantierte, durfte den Überblick nicht verlieren. Schon seit dem Beginn des 14. Jahrhunderts sind junge Deutsche, Söhne »trefflicher« Kaufleute, wie es in einer Quelle heißt, als Auszubildende in Venedig überliefert. Der Nachwuchs lernte während seines Aufenthaltes zunächst Italienisch, bevor Stunden bei einem einheimischen Rechenmeister anstanden. Lange Aufenthaltszeiten waren daher üblich. Fünfeinhalb Monate lang habe er die Grundlagen des Rechnens gelernt, so Lukas Rem, der 1494 ebenfalls 14-jährig von Augsburg nach Venedig kam, in seinem Tagebuch. Danach besuchte er eine spezialisierte Schule, um in die Tiefen der Buchführung einzusteigen sowie das Führen von Schuldbüchern und Journalen zu erlernen. Rems Lehrzeit in Venedig dauerte volle vier Jahre. Auch der junge Hieronymus Haller wurde 1488 von seinem Nürnberger Lehrmeister Christoph Scheurl dorthin geschickt, um bei einem Rechenmeister zu lernen und mit »emsigem Fleiß und eifrigem Studium«, wie ihm sein Lehrherr ans Herz gelegt hatte, alles in Erfahrung zu bringen, was den Handel betraf.

Jakob kam daher in eine durchaus »vertraute« Fremde: Seine älteren Brüder hatten schon vor ihm Bekanntschaft mit der Markusrepublik gemacht; Andreas und Hans waren dort 1461 sogar verstorben. Sein Bruder Georg weilte um die Zeit seiner Ankunft indes noch in der Lagunenstadt und saß just um diese Zeit dem berühmten venezianischen Meister Giovanni Bellini Porträt (s. S. 32). Weitere Landsleute traf Jakob allerorten auf den Straßen und Gassen der Stadt, denn in Venedig lebte eine muntere Auslandsgemeinde aus Bäckern,

Schustern, Webern oder Seifensiedern, die mit ihren Bruderschaften und Spitälern ein reges soziales Leben entfalteten. Dies erleichterte Neuankömmlingen das Einleben in der ungewohnten Umgebung.

Erste Anlaufstelle für alle aus dem nordalpinen Raum stammenden Kaufleute war seit dem 13. Jahrhundert der riesige Gebäudekomplex des Fondaco dei Tedeschi direkt an der Rialtobrücke. Nur hier durften die fremden Kaufleute unter Aufsicht venezianischer Makler ihre Geschäfte abschließen und ihre Waren lagern. Hier mussten sie auch ihren Wohnsitz nehmen. Im Fondaco gab es zahlreiche Kammern und Gewölbe, die von den ausländischen Gästen für einen bestimmten Zeitraum – Tage, Monate, häufig auch Jahre – von den venezianischen Aufsichtsbehörden angemietet werden konnten. Die Fugger hielten hier ebenfalls Räumlichkeiten. Aufgrund ihrer gestiegenen Bedeutung bekamen sie 1484 von der Signoria, dem venezianischen Staatsrat, sogar sämtliche Kammern, die zuvor die Stadt Judenburg in Anspruch genommen hatte, zur Nutzung übertragen. Ihre Räume statteten die Gebrüder bis 1489 so prächtig auf eigene Kosten aus, dass der Rat ihnen in Anerkennung ihrer Investitionen die Kammern auf immer und ewig zur Nutzung überließ, was als große Ehre galt.

Jakob traf im Fondaco dei Tedeschi auf ein geselliges Leben. Er wohnte Seit an Seit mit Kaufleuten aus Böhmen, Polen, Ungarn, den Niederlanden oder Österreich, speiste mit ihnen gemeinsam an langen Tafeln, trank mit ihnen einen guten Schoppen in der hauseigenen Weinschenke, wo auch Ballenbinder, Träger und Diener verkehrten. Die ganze Nacht brannten im Fondaco die Lichter, um den »Spätheimkehrern« den Weg durch die dunklen Gänge zurück in die Kammern zu weisen. Durch das enge Zusammenleben entstanden oft tragfähige Beziehungen, wenn nicht gar Freundschaften, die später geschäftlich von Vorteil sein konnten.

Wir wissen nicht genau, wie lange Jakob Fugger in Venedig blieb. Da er andernorts nirgendwo dokumentiert ist, dauerte sein Aufenthalt möglicherweise bis zu seiner Rückkehr nach

Jakobs älterer Bruder Georg weilte – wie viele Kaufmannssöhne jener Zeit – zur Ausbildung in Venedig. Selbstbewusst ließ er sich dort porträtieren. – Gemälde von Giovanni Bellini, 1474.

Augsburg 1487. Diese Zeitspanne hätte ihm genügend Muße gegeben, sich in das internationale Handelsgeschäft einzuarbeiten, Kontakte zu knüpfen und nicht zuletzt Italien lieben zu lernen. Dass seine Erinnerung an die venezianischen Jahre gut gewesen sein muss, beweist seine Angewohnheit, auch in der schwäbischen Heimat eine vornehme goldene Brokatkappe zu tragen, die der venezianischen Mode entstammte. Venedig, das Zentrum des Handels mit wertvollen Seiden-, Samt-, Gold- und Silberstoffen, setzte zu dieser Zeit gerne auch modische Trends, die dem Kaufmannssohn aus Schwaben offenbar recht gut gefielen. Ein weiteres Stück Italien holte er sich auch später immer wieder als Bauherr und Mäzen nach Augsburg: Sein prächtiger Wohnkomplex in der Maximilianstraße mit dem verspielten Damenhof in den Formen der Renaissance, einem italienischen Palazzo vergleichbar, beweist es. In Venedig verbrachte der junge Fugger offenbar einige seiner prägendsten Jahre.

Jonglieren mit den Zahlen

Die Ausdehnung des Fernhandels erforderte neue Methoden im Zahlungsverkehr sowie im Kredit-, Bank- und Rechnungswesen. Italien spielte dabei eine Vorreiterrolle. Schon im 13. Jahrhunderts rechnete man hier mit arabischen Zahlen und führte das bargeldlose Zahlen mit Hilfe von Schecks und Wechseln ein. Statt schwerer Barren von Gold und Silber genügte dem Kaufmann fortan eine Zahlungsanweisung auf Papier, ein Wechselbrief, um an einem Ort Waren zu ordern und an einem anderen in einer anderen Währung zu bezahlen. Dazu benötigten die Kaufleute die Hilfe zweier Geldverleiher, von denen einer am Ausstellungsort des Wechsels, der andere am Ort seiner Einlösung saß, um den Transfer der Summe vorzunehmen. Da es überall unterschiedliche Münzen gab, umging man Kursschwankungen, indem man mit festen Bezugswährungen rechnete. Die Geldverleiher erhielten für ihre Dienste eine Gebühr. Da der Transport des Wechselscheins von Ort zu Ort mittels Eilboten eine gewisse Zeit in Anspruch nahm, kam der Kaufmann, der die Waren geordert und in Anspruch genommen hatte, auf diese Weise in den Genuss eines Kredits von mehreren Wochen.

Daher bevorzugte man bald ein anderes, einfacheres Verfahren, das sogenannte Giroverfahren: Kaufleute, die bei derselben Bank ein Konto hielten, konnten ihre Geldgeschäfte einfach durch entsprechende Einträge in ihren Büchern regeln. Das System konnte ausgedehnt werden, wenn Bankiers in anderen Geldhäusern wechselseitige Konten eröffneten, um die Einlagen ihrer Kunden zu verwalten. Auf diese Weise entstanden die ersten öffentlichen Banken in Venedig, Mailand und Rom an der Wende zum 17. Jahrhundert.

Im ersten Drittel des 14. Jahrhunderts hatten florentinische Geschäftsleute zudem die doppelte Buchführung entwickelt, um die Übersicht bei den komplizierter werdenden Geldtransfers zu behalten. Jeder Geschäftsvorgang wurde dazu in einem Buch getrennt in zwei parallelen Spalten, als Haben und Soll, eingetragen. Mit Hilfe dieser Methode ließen sich Einnahmen und Verluste aus den in rascher Folge getätigten Kaufmannsgeschäften sichtbar machen. In den Geschäftsbüchern der Medici erscheint die doppelte Buchführung im 15. Jahrhundert bereits voll entwickelt.

Da das Führen der Bücher immer komplizierter wurde, musste der Kaufmannsberuf professionell erlernt werden. Es entstanden Handbücher wie die berühmte »Pratica della mercatura« des Francesco di Balduccio Pegolotti († 1342) oder die »Summa di Arithmetica« des Luca Pacioli aus dem Jahr 1494, die die doppelte Buchführung erstmals komplett beschrieb.

Ein angehender Kaufmann lernte in speziellen Abakusschulen die Grundlagen des Umgangs mit verschiedenen Rechnungsbüchern, Konten, Schuldverschreibungen und Wechseln. Auch die Umrechnung der vielen Währungen sowie Maß- und Gewichtseinheiten war eine Kunst für sich. So dauerte die Ausbildung oft viele Jahre, bevor sie in der Praxis vervollkommnet wurde.

Die Tiroler Berge waren mit Bodenschätzen reich gesegnet. In Innsbruck gelang dem Handelshaus der Einstieg ins Montangeschäft.

LEITER DER FAKTOREI IN INNSBRUCK

Venedig war nicht nur ein Zentrum des Textil- und Gewürzhandels, sondern auch ein wichtiger Umschlagplatz für Bunt- und Edelmetalle, bevor das zu den habsburgischen Niederlanden gehörende Antwerpen der Lagunenstadt diese Rolle streitig zu machen begann. Nach Überwindung der demografischen und wirtschaftlichen Krisen infolge der spätmittelalterlichen Pestwellen stieg die Nachfrage in puncto Silber und Kupfer auf den europäischen Märkten zu Beginn des 16. Jahrhunderts wieder sprunghaft an. Edelmetalle wurden inzwischen in fast allen Bereichen des täglichen Lebens gebraucht: als Zahlungsmittel in Form von Münzen, als Rohstoff zum Schmieden von Haushaltswaren und Werkzeugen, vor allem aber zum Guss von Waffen und Geschützen. Der Einstieg der Portugiesen in den Überseehandel mit Indien und Afrika steigerte den Bedarf an Erzen, insbesondere an Kupfer als Tauschware, noch einmal zusätzlich.

Der Bergbau in den Alpen hatte demnach eine blühende Zukunft vor sich. Gerade in Tirol, wo es reiche Erzvorkommen gab, wurden alle Anstrengungen unternommen, den Abbau zu intensivieren. Im wichtigsten Tiroler Revier, dem Falkenstein bei Schwaz, konnte die Silberproduktion auf diese Weise zwischen 1470 und 1490 verdreifacht werden! Wer sich unternehmerisch im Montangeschäft engagierte, durfte folglich auf lukrative Gewinne hoffen.

Jakob Fugger konnte diese aussichtsreiche Entwicklung von Venedig aus beobachten. Innerhalb der Familienfirma war er für den Bereich des Italiengeschäfts zuständig, während Ulrich als Ältester die Zentrale in Augsburg leitete und Bruder Georg inzwischen von Nürnberg aus die Handelstätigkeit nach Mittel- und Osteuropa koordinierte. So dürfte es gerade Jakobs vorausschauendem Ratschlag geschuldet gewesen sein, dem stets klammen Erzherzog Sigismund von Tirol 1485 einen Kredit über 3000 Gulden zu gewähren, um dafür eine Schuldverschreibung in Silber zu erhalten. Aus dem Bergwerk des Unternehmers Christian Tänzl sollten die Fugger 1000 Mark Silber (281 kg) geliefert bekommen. Da der Erzherzog als Landesherr über alle Erträge aus Gruben und Zechen verfügte und die Bergbauunternehmer – die Gewerken – dazu verpflichtet waren, ihm Anteile an den Erzschätzen zu festgesetzten Preisen zu überlassen, konnte dieser seine Rechte bei Bedarf auch an seine Kreditgeber verpfänden. Nicht nur die Fugger, auch andere süddeutsche Handelshäuser wie die Herwart und Gossembrot, Baumgartner und Vöhlin kamen auf diese Weise in den Besitz umfangreicher Edelmetallbestände.

Doch keiner trieb das Geschäft so entschieden voran wie Jakob Fugger. Er reiste von Venedig nach Innsbruck, um dort eine Faktorei (Niederlassung) zu gründen, die anfangs wohl nicht viel mehr als eine angemietete Schreibstube war. Erst später, in den Jahren um 1510/11, wurde die Faktorei nach Schwaz und Hall in Tirol in deutlich stattlichere Gebäude verlegt. Doch Jakob war es vorerst nur wichtig, in Innsbruck in der Nähe des erzherzoglichen Hofes zu sein und von dort aus effektiv seine Geschäftsinteressen zu verfolgen. Es gelang ihm, den notorisch hoch verschuldeten Sigismund, der eigentlich den klangvollen Beinamen »der Münzreiche« trug, innerhalb weniger Jahre in seine Abhängigkeit zu bringen und sich dadurch immer höhere Anteile an den Tiroler Silbererträgen zu sichern. Ein teurer Krieg mit Venedig und ein noch kostspieligerer Friedensschluss trieben den glücklosen Habsburger 1487/88 immer tiefer in die Verschuldungsspirale: Er musste die gesamte Ausbeute des Schwazer Silbers zum Vorzugspreis an die Augsburger Firma abtreten, die davon zwar einen vertraglich vereinbarten Teil an die erzherzoglichen Münzstätten ablieferte, das übrige Edelmetall aber mit deutlichem Gewinnaufschlag auf dem freien Markt zu eigenem Vorteil verkaufen durfte.

Binnen weniger Jahre eroberten sich die Fugger auf diese Weise die Vorherrschaft im Tiroler Silbergeschäft und verdrängten dabei Konkurrenten wie die aus dem bayerischen Kufstein stammenden Baumgartner vom Markt. Die wirtschaftliche Strategie der Fugger deckte sich dabei mit den politischen Absichten der Habsburger, die fürchteten, der kinderlose Erzherzog Sigismund könnte sein kleines, aber ertragreiches Bergreich nach seinem Tod an die bayerischen Wittelsbacher verscherbeln: Die Herzöge Albrecht von Bayern-München und Georg von Bayern-Landshut hatten es verstanden, mit hohen Krediten ihrer Bankiers den Tiroler Landesherrn von sich abhängig zu machen. 1486/87 musste Sigismund erst die Markgrafschaft Burgau, dann die habsburgischen Vorlande an sie verpfänden. Er erklärte sich sogar dazu bereit, Tirol an Albrecht zu überschreiben, wenn seine Schulden nach seinem Tod nicht abgetragen würden. Bei Kaiser Friedrich III. und seinem Sohn Maximilian schrillten die Alarmglocken. Sie unternahmen alles, um einen Wechsel im Hauptgläubigerlager des Tiroler Landesherrn herbeizuführen: weg von den bayerischen Baumgartnern hin zu den schwäbischen Fuggern.

Für Sigismund wurde es politisch immer enger: Er musste auf Druck des Kaisers die Verträge mit den bayerischen Herzögen annullieren und über einen harten Sparkurs einen Teil seiner bayerischen Schulden abtragen. Dafür nahm er andererseits enorme Kredite bei den Fuggern auf: Sein unglaublicher

Schuldenberg bei ihnen betrug 1489 bereits über 268.000 Gulden! Die Fugger erhielten im Gegenzug neben dem Schwazer Silber inzwischen auch welches aus Innsbruck, Hall und Primör (Primiero) und bürgten damit de facto für die Zahlungsfähigkeit des Landeshaushaltes. Selbst die Beamten erhielten ihre Gehälter von den Fuggern. 1490 waren die Zustände so unhaltbar geworden, dass die Tiroler Landstände – Adel, Kirche, Städte –, die in Fragen von Steuern und Schuldenabbau ein Wort mitzureden hatten, Sigismund zwangen, die Herrschaft an seinen Verwandten König Maximilian abzutreten. Gegen eine stattliche Jahrespension von 52.000 Gulden ging der Tiroler Landesherr »in Rente« und überließ die Regierungsgeschäfte in Tirol und Vorderösterreich dem Kaisersohn.

Für das Familienunternehmen der Fugger zahlte sich die enge Zusammenarbeit mit dem Hause Habsburg aus. Maximilian erkannte die Schulden seines Vorgängers an und setzte das Geschäft – Kredite gegen Erze – mit dem Augsburger Handelshaus nahtlos fort. Die Fugger fanden in ihm langfristig ihren besten Kunden.

DER GESELLSCHAFTSVERTRAG VON 1494

Die Geschäfte liefen prächtig, als die drei Brüder Ulrich, Georg und Jakob Fugger im August 1494 einen Vertrag abschlossen, der ihre Rechte und Pflichten an der Firma »Ulrich Fugger und Gebrüder von Augsburg« regelte. Der auf sechs Jahre laufende Gesellschaftsvertrag behandelte die Brüder als gleichberechtigte Teilhaber, die dazu befugt waren, im Namen der Firma aufzutreten, Handel zu treiben und Personal einzustellen, während sie jedoch die übrigen Gesellschafter über ihre Tätigkeiten jeweils unterrichten mussten. Im Konfliktfall galt die Mehrheitsentscheidung. Jeder der Brüder verpflichtete sich, sein eingebrachtes Kapital sowie die Gewinne daraus in der Firma liegen zu lassen und nur bestimmte Summen, die ein Viertel der Einlage nicht überschreiten durften, für den privaten Gebrauch abzuziehen. Handel auf eigene Rechnung war hingegen verboten. Selbst im Todesfall musste das Kapital noch für mindestens drei Jahre in der Firma liegen bleiben, bevor es den Erben auf Raten ausbezahlt wurde. Sollten ein oder zwei Teilhaber innerhalb der sechsjährigen Laufzeit versterben, traten der oder die Letztüberlebende(n) an deren Stelle, waren allein zeichnungsberechtigt und mussten erst nach Ablauf der Vertragsdauer eine Einigung mit den Erben der Verstorbenen herbeiführen.

Die Bestimmungen zeigen Jakob 1494 als Partner an der Seite seiner Brüder, auch wenn im Firmennamen dem älteren Ulrich der Vorrang gebührte. Die bereits verheirateten älteren Brüder versteuerten auch das größere Einkommen, während der noch unverheiratete Jakob nach Ausweis der Steuerbücher etwas niedriger veranschlagt wurde. In der Geschäftspraxis wirkte sich dies jedoch nicht weiter aus – der tüchtige Jakob hatte seinen Platz an der Seite seiner Brüder längst gefunden. Der Vertrag wurde 1502 für weitere sechs Jahre, im Anschluss daran bei Nichtaufkündigung auf unbestimmte Zeit verlängert. Nach dem Tod von Georg 1506 und Ulrich 1510 trat Jakob entsprechend den nach wie vor geltenden Bestimmungen von 1502 als letzter Teilhaber an die Spitze des Unternehmens und ließ sich 1512 in einem neuen Vertrag mit seinen Neffen Ulrich (* 1490), Hieronymus (* 1499), Raymund (* 1489) und Anton (* 1493) – je zwei Söhne seiner Brüder Ulrich und Georg – die dominierende Stellung in der Geschäftsführung bestätigen. Zwar lief die Firma unter dem Namen »Jacob Fugger und seiner gebrueder süne«, doch hatten sich die Neffen verpflichten müssen, ihr gesamtes Vermögen im Unternehmen zu belassen und sich den Entscheidungen des Onkels stets gehorsam zu fügen. Jakob allein entschied über alle Geschäftsvorgänge sowie über die Verteilung des Gewinns, den Ausschluss von Teilhabern oder die Auflösung der Firma.

Die Machtverschiebung hin zu einem »Alleinregierer« war dem höheren Erfahrungsschatz Jakobs gegenüber seinen deutlich jüngeren Neffen geschuldet, aber auch der Expansion der Firma, die ihren Schwerpunkt nicht mehr im Handel mit Textilien und Webwaren, sondern im Bereich des Erzabbaus und Hüttenwesens, der Kreditvergabe und der Bankgeschäfte fand. Ein solch vielseitig aufgestelltes Unternehmen musste anders geführt werden als ein spätmittelalterlicher Kaufmannsladen: Es brauchte Gespür für die überregionalen Finanzmärkte, politisches Fingerspitzengefühl im Umgang mit hochadligen Kreditnehmern, einen siebten Sinn für Marktveränderungen in einem zunehmend globalisierten Handel. Jakob brachte diese Voraussetzungen mit. Er handelte 1516 mit der Stadt Augsburg eine pauschale Steuersumme aus mit dem Hinweis, er könne wegen der Ausmaße seiner Geschäftstätigkeit, die »anderen Kaufleuten ungleich seien«, nicht immer exakt sein Vermögen beziffern. Das mochte wohl stimmen. Mit dem Tätigkeitsbereich eines herkömmlichen städtischen Fernhändlers hatten Jakob Fuggers Geschäfte nichts mehr gemein.

DER »UNGARISCHE HANDEL«

Noch im Herbst desselben Jahres beschlossen die Gebrüder Fugger eine weitere Vertiefung ihres Engagements im Montansektor. Mit dem Vertrag über den »Gemeinen ungarischen Handel« vom 15. November 1494 kamen die Fugger mit dem Krakauer Bürger, Unternehmer und Bergwerkspächter Hans Thurzo und dessen Sohn Georg überein, die Bergwerke in Neusohl (Banská Bystrica) in der heutigen Slowakei mit einer Laufzeit von 16 Jahren gemeinsam zu betreiben. Zu diesem Zweck sollten ein neues Hüttenwerk zur Verarbeitung des Kupfers für 1000 ungarische Gulden gebaut und weitere 1000 Gulden als Betriebskapital zur Beschaffung von technischem Material zur Verfügung gestellt werden. Die Vertragspartner rechneten mit einer Verarbeitung von wöchentlich 300 Zentnern Kupfer und einem Wochengewinn von 360 Gulden. Abzüglich eines Vorschusses an Thurzo sollte der Jahresgewinn den Geschäftspartnern zu gleichen Teilen zugutekommen. In diese Partnerschaft brachten die Fugger ihr Kapital ein und finanzierten alle Aktivitäten vor, während Hans Thurzo seine Kenntnisse im Bergbau und seinen gepachteten Bergwerksbesitz vor Ort zur Verfügung stellte.

Die Entscheidung war wohlüberlegt, denn die Erzvorkommen im Königreich Ungarn galten seit dem Mittelalter als äußerst ertragreich – nirgendwo in Europa förderte man im

14. Jahrhundert mehr Gold als unter der ungarischen Krone. Doch der Bergbau war auf Grund von Thronwirren und der religiös motivierten Hussitenkriege praktisch zum Erliegen gekommen. Nur durch hohe Investitionen ließen sich die von Grundwasser überfluteten Gruben wieder flottmachen. An Ideen mangelte es nicht: Der aus Leutschau (Levoča) in der Zips stammende Hans Thurzo hatte bereits 1469 in Mogiła bei Krakau eine Schmelzhütte eröffnet, in der das hochmoderne Saigerverfahren zur Anwendung kam: Durch Zugabe von Blei ließen sich die Erze Kupfer und Silber in einem aufwändigen Prozess scheiden. Wer diese Methode erfunden hatte, ist unbekannt, doch beschäftigte Thurzo, der das Verfahren womöglich selbst im Harz kennengelernt hatte, in seinem Betrieb Meister, die es anzuwenden verstanden. Er selbst befasste sich vorrangig mit der Entwässerungstechnik und führte in einigen kleineren Stollen erfolgreich hydraulisch angetriebene Pumpwerke ein, die die »abgesoffenen« Gruben wieder trockenlegten. Allerdings fehlte es ihm an Kapital, um größere Unternehmungen zu tätigen. Die Bitte der sieben Bergstädte Kremnitz, Neusohl, Schemnitz, Königsberg, Pukkanz, Dilln und Liebethen, die ihn 1475 ersuchten, ihre Gruben wieder flottzumachen, konnte er nicht erfüllen, obwohl ihm der ungarische König Matthias Corvinus dazu extra ein Privileg erteilt hatte.

Auf der Suche nach Geldgebern stieß Thurzo rasch auf die Fugger. Wer den Kontakt vermittelte, ist nicht genau nachvollziehbar. Er mag über den Krakauer Fugger-Faktor Hans Metzler oder den Breslauer Geschäftspartner Kilian Auer entstanden sein; vielleicht kannten sich auch Georg Fugger und Georg Thurzo von Nürnberg her, denn nach seiner venezianischen Ausbildung hatte Georg Fugger nach Nürnberg gewechselt, wo er ab 1484 nachweisbar ist – offenbar als »Nachfolger« seines verstorbenen Bruders Peter als Leiter der dortigen Faktorei. Jedenfalls zeigten die Augsburger wie die Thurzo großes Interesse an einer Zusammenarbeit. Zunächst verdeckt agierend, kaufte Thurzo mit dem Geld der Fugger seit 1491 in Neusohl Grube um Grube auf, sicherte sich von den hochverschuldeten Gewerken immer mehr Anteile, bis ihm die Betriebe selbst gehörten. Erst als der Bischof von Fünfkirchen (Pécs), der Eigentumsrechte an einigen Neusohler Stollen hielt, Verdacht schöpfte, konnte die Partnerschaft der beiden Handelsgesellschaften nicht mehr geheim gehalten werden.

Jakob Fugger wusste jedoch die Schwierigkeiten zu umgehen, indem er seine guten Kontakte zu König Maximilian I. nutzte. Dieser hatte gerade mit Ungarn den Friedensvertrag von Preßburg (1492) unterzeichnet und mit dem neuen ungarischen König Wladislaw II. über eine Nachfolge des Hauses Habsburg im Falle des kinderlosen Todes des Monarchen verhandelt. Es lag folglich in seinem Interesse, über das wirtschaftliche Engagement der Fugger im Königreich Ungarn einen Fuß in die Tür zu bekommen. Maximilian unterrichtete den Bischof Sigmund Ernst von Fünfkirchen in einem Brief persönlich über die Zusammenarbeit der Fugger-Thurzo-Gesellschaft und warb für sie um Unterstützung. So verpachtete der Bischof nur wenige Monate später seine Immobilien und Bergwerke in Neusohl für zehn Jahre gegen eine jährliche Pacht von 3000 ungarischen Gulden an die neue Firma und überließ ihr auch sein dortiges Bischofshaus zur Nutzung. Die ungarische Krone genehmigte die Verträge im Frühjahr 1495.

Dennoch blieb Jakob Fugger wachsam. Er betrieb nicht nur die vertraglich zugesicherte Saigerhütte in Moschnitz bei Neusohl, sondern eröffnete weitere hochmoderne Hütten in Gebieten, die dem Zugriff der ungarischen Krone entzogen waren. Die politische Lage mit der wichtigen Frage der habsburgischen Thronfolge schien noch nicht endgültig geklärt. So entstanden in Kärnten das Werk Fuggerau und in Thüringen die Saigerhütte Hohenkirchen, beide auf klösterlichem Besitz liegend, zu deren Landesherren – dem Bischof von Bamberg beziehungsweise den sächsischen Wettinern – die Fugger Geschäftsbeziehungen unterhielten. Das zum Saigern nötige Blei gewann die Firma aus einem eigenen Bleibergwerk bei Villach in Kärnten, das sie 1495 erworben hatte.

Mit dem Einstieg ins Bergbaugeschäft bewies Fugger eindrucksvoll sein untrügliches Gespür fürs Geschäft: Die

Erträge waren exorbitant. Allein in den drei Saigerhütten wurden zwischen 1494 und 1526 rund 94,2 Tonnen Reinsilber im Wert von etwa zwei Millionen Gulden gewonnen. Im selben Zeitraum lieferten die Neusohler Gruben zusätzlich noch etwa 800.000 Zentner Kupfer, die per Privileg wie das gesaigerte Silber ganz überwiegend frei verkauft werden durften!

Durch das Anwerben von Bergbauspezialisten aus Tirol, Kärnten, Sachsen und Schlesien gelang es, aus den verrotteten Gruben hochrentable Bergbaubetriebe auf dem neuesten technischen Stand zu machen. Die hohen Investitionskosten amortisierten sich damit. Die Stadt Neusohl und die ganze umliegende Region blühten unter der Hand der Fugger auf und wurden erneut zu einem Zentrum der europäischen Montanindustrie. In Neusohl erwarb die Fugger-Thurzo-Gesellschaft eine Reihe von Häusern direkt am Marktplatz, darunter als Firmenzentrale einen vierstöckigen Renaissancebau mit Sgraffito-Fassade und prächtigen Innenräumen. Der sogenannte Grüne Saal trug stilvolle Fresken mit den Schutzpatronen der Bergleute in seinem Tonnengewölbe.

Der Geschäftspartner Hans Thurzo

Hans Thurzo entstammte einer Kaufmannsfamilie aus Leutschau in der Zips. Er bereitete sich an der Universität Padua zunächst auf eine geistliche Karriere vor, bevor er nach dem Tod seines Vaters ins elterliche Geschäft einstieg. Thurzo siedelte nach Krakau über, erwarb 1465 dort das Bürgerrecht und gründete mit seinem Schwager, einem reichen Krakauer Ratsherrn und Metallhändler, eine neuartige Schmelzhütte in Mogiła, wo er das Saigerverfahren zur Scheidung von Silber und Kupfer einführte. Seit 1478 hielt er auch Anteile an einer der ergiebigsten Buntmetalllagerstätten Mitteleuropas, am Rammelsberg bei Goslar. Doch erst die Kooperation mit den Fuggern verhalf ihm zum geschäftlichen Durchbruch.

Mit der Augsburger Familie verband er sich in den späten 1490er-Jahren auch verwandtschaftlich: Seine

Tochter Katharina heiratete Raymund, den Sohn Georg Fuggers, und wurde dadurch zur »Stammmutter« der Fuggerlinie Kirchberg-Weißenhorn. Sein eigener Sohn Georg Thurzo nahm Anna, Tochter des Ulrich Fugger, zur Frau.

Obwohl die Augsburger ihre angeheiratete Verwandtschaft allmählich aus der gemeinsamen Firma drängten und die Leitung 1525/27 endgültig an sich zogen, gelang den Thurzos in ihrem Schlepptau ein steiler sozialer Aufstieg. Sie wurden in den ungarischen Adel aufgenommen, erhielten wichtige Positionen wie die eines Kremnitzer Kammergrafen – zuständig für die Prüfung der Menge und Qualität des geförderten Edelmetalls – sowie weitere hohe Ämter bei Hof. Söhne des Hans Thurzo saßen auf den Bischofsstühlen von Breslau und Olmütz, versahen das Bürgermeisteramt in Krakau oder schafften es wie Alexi Thurzo bis zum ungarischen Schatzmeister, Hofrichter und königlichen Statthalter (1526). Die Familie zählte zu den reichsten Grundbesitzern Nordungarns.

Der Senior des Hauses, Hans Thurzo, verstarb nach einem arbeitsreichen Leben 1508 in Frauenbach (Baia Mare, heute Rumänien).

3 In der Goldenen Schreibstube: Fugger in Augsburg

DIE FIRMENZENTRALE AM RINDERMARKT

Erneut markierten die Fugger ihren wirtschaftlichen Erfolg mit einer Immobilie in attraktiver Lage: 1488 erwarben Ulrich und Jakob ein bebautes Grundstück am Augsburger Rindermarkt, das sich zwischen den heutigen Straßenzügen Anna- und Philippine-Welser-Straße erstreckte. Das ganze Areal zwischen Perlach, Marktplatz und dem Gögginger Tor zählte inzwischen zu den hochbegehrten Wohnvierteln der Stadt. Der Vorbesitzerin, Felicitas Grässler, Witwe eines wohlhabenden Goldschmieds und Münzmeisters, bezahlten sie daher den stattlichen Kaufpreis von 2032 rheinische Gulden dafür. Am Ausbau des Anwesens beteiligte sich neben den Käufern Ulrich und Jakob auch der Bruder Georg Fugger, wie ein Gütervertrag von 1502 überliefert. Nicht ohne Stolz heißt es darin, der Neubau sei »mit unser gemainer Hab erbaut und uns zu bauen merklich Geld gekost hat uns zu Nutz und zu Lust, die auch unser dreier und unser Erben ist und sein soll, und wir auch zur Zierung derselben Hausung etlich Teppich oder Tapezerey gekauft, (...) die wir sambt den Gebäuden (...) für drei tausend Gulden rheinischer Landeswährung schätzen«. Als Architekten ihrer vermutlich zwischen 1490 und 1495 errichteten schmucken neuen Firmenzentrale gewannen die Brüder den renommierten Baumeister Burkhard Engelberg, der seit 1477 den gewaltigen Neubau des Ulrichsmünsters leitete und 1495 zum Stadtbaumeister von Augsburg aufstieg. Mit diesem letzten großen Meister der Spätgotik durften sich die Fugger sicher sein, einen repräsentativen, das Stadtbild prägenden Mehrzweckbau nach dem Vorbild italienischer Stadthäuser hingestellt zu bekommen.

Engelberg wählte für das lang gezogene Grundstück den Haustyp eines sogenannten »Durchhauses«, der bei Handelsfamilien besonders beliebt war. Das von der Anna- zur Philippine-Welser-Straße durchgehende Gebäude umschloss einen längsrechteckigen großen Innenhof mit zwei Toreinfahrten, so dass man mit dem Fuhrwagen auf der einen Seite ein- und auf der anderen Seite gleich wieder ausfahren konnte. Der knapp 25 Meter lange Fuggerhof war so geräumig, dass er zwei bis drei Wägen nebeneinander Platz bot, wodurch die Fracht besonders zeitsparend entladen werden konnte. Vor schlechtem Wetter schützten die im Erdgeschoss befindlichen weiträumigen Hallen, wo die Waren im Trockenen sortiert und gestapelt wurden. Von dort öffneten sich Zugänge zu den Keller- und Lagerräumen, den Geschäftsräumen und Büros. Über die Treppenhäuser erreichte man die Obergeschosse mit den Wohnräumen für die Familienmitglieder. Auf Repräsentation legten die Bauherren Wert: Die Portale schmückten filigrane Steinmetzarbeiten mit von Löwen flankierten Lilienwappen, die Eingangshallen säulengestützte Kreuz- und Netzrippengewölbe, die Fassaden gliederten hochrechteckige Fenster, die im Erdgeschoss mit Eisenstabgitter gesichert waren. Zusammen mit den steilen, hohlziegelgedeckten Giebeldächern, den zahlreichen Gauben, den Aufzugserkern und geschmiedeten Wasserspeiern zeigte der gesamte Komplex am Rindermarkt den Mitbürgern Bedeutung und Wohlstand des Fuggerschen Handelshauses an.

Dennoch blieb der Reichtum diskret. Das Herz der Firmenzentrale schlug im ersten Obergeschoss des Baus, an der Seitenfront zum ruhigen Mettlochgässchen hin. Hinter einem dezenten, flachen Erker, wie er um diese Zeit für herrschaftliche Bürgerhäuser gerade in Mode kam, verbarg sich die legendäre »goldene Schreibstube«, über die viel gemunkelt, aber wenig gewusst wurde. Zeitgenössische Beschreibungen liegen keine vor. »Golden« nannte man die holzvertäfelte Stube ihrer goldenen Leisten wegen. Jakob Fugger erwähnt in seinem Testament das reiche Silbergeschirr, das hier lagerte, dazu Teppiche und Tapeten, mit denen man den Raum wohnlich gemacht hatte. Die Augsburger, die unter dem kleinen kupfergedeckten Erker vorbeigingen und nie die Schreibstube des Konzerns betraten, ahnten wohl, welche Summen hier den Besitzer wechselten. Respektvoll

Die Hofhalle des Fuggerhauses am Rindermarkt in seiner Nutzung als Verkaufsraum des Kaufhauses Kröll und Nill mit einer modernen Eisen-Glas-Überdachung. – Fotografie vor 1930.

nannten sie das Mettlochgässchen im 16. Jahrhundert das Fuggergässchen.

Platzsorgen quälten die Familie nach Fertigstellung des Baus jedenfalls nicht mehr. Das Doppelhaus-Anwesen besaß eine Vielzahl an getäfelten Wohnräumen, Küchen, Badstüblein sowie Kammern für Familie und Gesinde. Ulrich und Georg Fugger zogen samt ihren Ehefrauen und ihrer reichen Kinderschar dort ein – Ulrich im Gebäudeteil zur Philippine-Welser-Straße hin, Georg an der Annastraße. Jakob blieb nach Ausweis der Steuerbücher bis zu seiner Hochzeit im »Haus am Rohr« wohnhaft. Vielleicht scheute der Kinderlose den Trubel, den seine 15 Nichten und Neffen im Neubau verbreiteten. Zur Arbeit hatte er es jedenfalls nicht weit: Die Immobilien trennten nur wenige Schritte voneinander. Das neue Haus war stattlich genug, um Schauplatz glanzvoller Festlichkeiten zu werden. Als 1507 Kardinallegat Bernardino Carvajal mit großem Gefolge nach Augsburg kam und im Dom eine Messe zelebrierte, richteten Ulrich und Jakob Fugger ein festliches Mittagsmahl für die vornehmen Besucher und die Augsburger Oberschicht aus. Zahlreich strömten die Gäste zur üppig gedeckten Mittagstafel in das Fuggerhaus. Im Anschluss schritt die Festgemeinde zum Tanz. Der Kardinallegat zeigte sich von der dargebotenen Pracht so beeindruckt, dass er allen Teilnehmerinnen und Teilnehmern von Tanz und Bankett im Anschluss bei Bereitschaft zu Reue und Beichte »Gnade und Ablass für Schuld und Pein« gewährte, wie der Chronist Clemens Sender überliefert. Das rauschende Fest war Stadtgespräch in Augsburg und brachte das Haus Fugger in aller Munde.

Von der einstigen Pracht des Fuggerhauses am Rindermarkt ist heute nichts mehr übriggeblieben. Im 19. Jahrhundert zum Kaufhaus umgewandelt, wurde es bereits damals baulich stark verändert. Auf alten Fotografien sind die eingewölbten Erdgeschosshallen, die dem Modehaus »Kröll und Nill« als Verkaufsräume dienten, noch gut erkennbar. Doch im Bombenhagel des Zweiten Weltkriegs ging das Ensemble unter. Nur wenige Bauteile wie die Portale blieben erhalten. Der Erker an der einst so »goldenen Schreibstube« ist ein Nachbau von 1950.

HEIRAT MIT SIBYLLA ARTZT

Für die Liebe fand Jakob Fugger erst spät Zeit. Zu beschäftigt mit seinen Zahlen und Bilanzen scheint er gewesen zu sein, zu lange unabkömmlich in Venedig und Tirol, viel zu häufig auf Reisen. Seine Brüder waren längst gesetzte Familienväter, als er selbst auf Brautschau ging. Mit Ende 30 sah er immer noch stattlich aus: »Er ist ein herrliche, ranke, hübsche (...) Person gewesen«, beschreibt ihn der wohlgesonnene Clemens Sender. Und das Ehrenbuch streicht seine Gepflogenheit heraus, das Haar »gewohnlich mit einer goldenen Haube eingebunden« zu haben. Die Bildnisse, die von ihm teils von herausragenden Malern wie Hans Holbein d. Ä., Hans Burgkmair d. Ä. oder Albrecht Dürer an die Nachwelt gekommen sind, zeigen einen asketischen Mann mit etwas herben, kantigen Gesichts-

Das offizielle Hochzeitsbild von Jakob Fugger und Sibylla Artzt zeigt ein wohlhabendes Paar in reicher Gewandung und goldenem Schmuck. Über der Ehe sollte jedoch der Schatten der Kinderlosigkeit liegen. – Holzbildnis von Thoman oder Hans Burgkmair d. Ä., 1498.

zügen, die auf eine von Disziplin und Fleiß geprägte Lebensweise schließen lassen. Allzu viel Mühe machte sich Jakob mit der Brautschau offensichtlich nicht: Er heiratete schlichtweg die Nachbarstochter seines »Hauses am Rohr«, die fesche, blonde Sibylla Artzt, die den hoch angesehenen und überaus reichen Kaufmannsfamilien Artzt und Sulzer entstammte. Um 1480 geboren, war sie rund 20 Jahre jünger als ihr zukünftiger Ehemann. Ob sie ihren Bräutigam aus Liebe heiratete oder nur – wie üblich – in eine arrangierte Ehe einwilligte, weiß niemand zu sagen. Kein Briefwechsel, kein Tagebucheintrag gibt darüber Auskunft, nicht einmal der Heiratsvertrag ist überliefert. Nur aus den späteren Testamenten Fuggers ist bekannt, dass Sibylla von ihren Eltern den stattlichen Betrag von 5000 Gulden als Mitgift in die Ehe bekommen hatte. So senkt sich ein gewisses Dunkel über diese Hochzeit, die doch ein gesellschaftliches Ereignis von Rang für Augsburg gewesen sein muss: Am 9. Januar des Jahres 1498 gaben sich der 39-jährige Großkaufmann und die etwa 18-jährige Sibylla das Ja-Wort. Ihr Hochzeitsbild von Thoman oder Hans Burgkmair nennt dieses Datum in der Inschrift am unteren Rand. Es zeigt ein reich gekleidetes Paar mit ernsten Gesichtern, vornehm zurückhaltend. Nur die wertvolle, mit Pelzen, Goldbordüren und Perlenstickereien verzierte Kleidung, die reich geschmückten Hauben, die schweren Eheringe und der Schmuck der Braut verraten den Prunk, mit dem für gewöhnlich Hochzeiten im Hause Fugger gefeiert wurden. Vielleicht übte sich Jakob in größerer Bescheidenheit, weil seine Mutter Barbara Bäsinger erst wenige Monate zuvor im Juli 1497 verstorben war. Das Hochzeitsbild ist das einzige authentische Bildnis der Sibylla Artzt und stellt sie dem Betrachter als recht ansehnliche junge Frau mit blondem, leicht gewelltem Haar vor. Ein Notenblatt in ihrer Hand weist sie als Musikliebhaberin aus.

Die Ehe der beiden blieb trotz 27-jähriger Dauer kinderlos. Die aufmerksamen Geschenke, die Jakob Sibylla machte – in seinem ersten Testament sind neben Silbergeschirr, Ketten, Ringen und Perlenschnüren auch »ein großer Diamant und eine große Rubintafel, so ich ihr neulich geschenkt hab«, erwähnt –, trösteten sie vermutlich nicht über das ausbleibende Babyglück hinweg, während alle Frauen in ihrer familiären Umgebung zahlreiche Kinder bekamen. Spätere Historiker mutmaßten von einer unehelichen Tochter Jakob Fuggers, die später den württembergischen Kanzler Gregor Lamparter geheiratet haben soll. Doch dass Lamparter den Augsburger Firmenchef in einem Schreiben als »meinen Schwiegervater« bezeichnete, dürfte sich eher darauf bezogen haben, dass Jakob Fuggers Nichte Regina Meuting, die Tochter seiner Schwester Barbara, 1515 Lamparters Sohn Hans geheiratet hatte und beide Familien damit verschwägert waren. Außereheliche Fehltritte Jakob Fuggers bleiben bislang nur Vermutung. Wie das Paar im Alltag miteinander umging, ob es entzweit oder sich zugetan war, geht aus den Quellen nicht hervor.

Mangels eines Erben suchte Jakob die Nähe der Kirche, stiftete etlichen Klöstern Geld, damit sie ihn und seine Frau in ihre Gebetsgemeinschaften aufnahmen. Zu diesem Zweck trat er mit Sibylla auch der angesehenen Bruderschaft der Benediktinermönche von St. Ulrich bei, die für ihn beten, singen und lesen sollten. Anlass zu Klatsch und Spekulationen sollte indes die auffällig rasche Wiederverheiratung Sibyllas nach dem Ableben ihres Ehemannes geben: Schon am 18. Februar 1526 wurde sie dem verwitweten Großkaufmann, Patrizier und langjährigen Geschäftspartner Jakob Fuggers, Konrad Rehlinger, angetraut – ausgerechnet einem überzeugten Protestanten! Die Tatsache, dass sie ins protestantische Lager wechselte, mit den Neffen Jakob Fuggers um ihr Erbe stritt und in ihrem eigenen Testament kein Wort über ihren ersten Ehemann verlor, brachte ihr eine schlechte Presse ein. Der Augsburger Chronist Clemens Sender lässt jedenfalls kein gutes Haar an ihr, wirft ihr vor, noch zu Lebzeiten ihres treusorgenden Ehemannes eine Affäre mit Rehlinger begonnen zu haben und Hals über Kopf nach dessen Tod bei diesem eingezogen zu sein, »doch hat sie ihrer kostliche Kleinod hinter ihr nit vergessen«. Wie auch immer – Sibylla lebte noch 20 Jahre lang in freiwilliger Entscheidung an der Seite des Protestanten Rehlinger. Mag sein, dass die Religionsfrage sie von ihrem ersten Gatten und dessen altgläubiger Verwandtschaft zunehmend entzweite – ihr Neffe Raymund Fugger galt als katholischer Hardliner in der Stadt –, doch dieser Riss tat sich in vielen Patrizierfamilien damals auf. Sibylla selbst starb im Jahr des Ausbruchs des Schmalkaldischen Krieges 1546, als die Fronten zwischen den Konfessionen bis zur militärischen Konfrontation verhärtet waren.

DER »ALLEINREGIERER«

Das Epochenjahr 1500 konnte Jakob Fugger gemeinsam mit seiner jungen Gattin begrüßen. Doch schon bald hatte er schmerzliche Verluste in der eigenen Familie zu beklagen: Am 14. März 1506 starb sein Bruder Georg, mit dem er

Die Schwiegereltern: Wilhelm Artzt und Sibylla Sulzer

Jakobs Schwiegereltern waren reiche Leute: Wilhelm Artzt entstammte einer Familie erfolgreicher Großkaufleute, die wie die Fugger zunächst der Weberzunft angehörten, bevor sie mit Erfolg in den Fernhandel einstiegen und so viel verdienten, dass sie zeitweise das zweitgrößte Vermögen in Augsburg versteuerten. Wilhelm selbst war im Edelmetallhandel engagiert und pflegte enge Geschäftsbeziehungen zum Hof Herzog Ludwigs IX. von Bayern-Landshut, der ihm Silbererträge zur Schuldentilgung verschrieb. Mit Sibylla Sulzer heiratete Wilhelm eine Frau, die wie er selbst einer »stubenfähigen« Familie angehörte und damit zur Elite der Stadt zählte. Das Paar hatte mehrere Söhne und Töchter, darunter jene Sibylla, die Jakob Fugger heiratete, und einen Sohn namens Wilhelm, der im Dienst der Fugger 1510 in Breslau nachweisbar ist.

Die Familie brachte nicht nur steinreiche Pfeffersäcke hervor, sondern auch geschickte Politiker wie Ulrich III. (um 1455–1527), der aufgrund einer vorteilhaften Heirat den Kaufmannsberuf an den Nagel hängen und dafür in die Stadtpolitik einsteigen konnte. Er trat als Zwölfer an die Spitze der Kaufleutezunft, stieg zum Zunftmeister auf, übernahm auch wichtige Ratsämter und bekleidete 1504 sogar das Bürgermeisteramt der Stadt Augsburg. 1513 wurde er zum Bundeshauptmann des Schwäbischen Bundes gewählt und war in dieser Eigenschaft für die militärische Friedenssicherung im Land verantwortlich.

Sibylla Sulzer bewohnte unterdessen in bester Augsburger Wohnlage am Weinmarkt ein Haus, das sie als Witwe 1494 erworben hatte. Ihr Gatte war schon 1490 verstorben. Das Gebäude grenzte an die Häuser des Georg Kunigsperger, einem ihrer Schwiegersöhne, und des Thomas Ehinger und stieß hinten wie vorne an Straßenzüge. Das Anwesen bot genug Platz, um der verheirateten Tochter Sibylle samt Ehemann Unterkunft zu gewähren. Die Sulzerin verkaufte das Wohnhaus samt dem Hausrat später ihrem Schwiegersohn Jakob Fugger. Wie der Kaufvertrag zeigt, war das Anwesen mit Tischen, Kisten, Truhen, Betten, Kissen, Leinen, Zinn-, Kupfer- und Küchengeschirr im Wert von 500 Gulden auskömmlich ausgestattet.

gemeinsame Zeit in Venedig verbracht hatte, in Augsburg unter beklagenswerten Umständen. Das Ehrenbuch beschreibt ihn als »feinen, sanftmütigen Herrn«, was das Bellini-Porträt (s. S. 32), das einen lebensfrohen jungen Mann mit offenem Blick und üppigen Wuschelhaaren zeigt, durchaus bestätigen kann. Doch im fortgeschrittenen Alter von 52 Jahren quälten Georg Harnsteine, die er sich mit Hilfe einer Operation entfernen lassen wollte. Der schwierige Eingriff misslang und kostete ihn das Leben. »Dieweil aber sein alter so hoch und schwachheit seins Leibs und Unfall ihm zugefallen, ist er nach dem Schneiden am 9. Tag (....) aus dieser Welt verschaiden«, berichtet das Ehrenbuch. Man kann sich vorstellen, welch grässliche Schmerzen Georg in seinen letzten Stunden ausgestanden haben muss. Auch Jakob scheint davon tief beeindruckt gewesen zu sein, denn er selbst wird kurz vor seinem eigenen Tod jeden operativen Eingriff, zu dem die Ärzte ihm eigentlich rieten, vehement ablehnen.

Nur wenige Jahre nach diesem dramatischen Ereignis schied am 19. April 1510 der älteste der Fuggerbrüder, Ulrich, aus dem Leben. Mittlerweile fast 70 Jahre alt, war er über eine lange Zeitspanne hinweg die bestimmende Größe in der Handelsgesellschaft gewesen. Nun fehlte dem Unternehmen auch diese erfahrene Hand. Nach den Bestimmungen der Gesellschaftsverträge von 1494 und 1502 rückte Jakob als einzig überlebender Teilhaber an die Spitze der Firma. Er legte Wert auf eine ordnungsgemäße Übereinkunft mit seinen Neffen, legte daher eine Generalabrechnung vor, zahlte seine Nichten und seinen in den geistlichen Stand eingetretenen Neffen Marx aus und schloss 1512 mit den Söhnen der Verstorbenen einen neuen Vertrag, bei dem er sich selbst die alleinige Unternehmensführung sicherte.

Jetzt erst durfte sich Jakob Fugger als »rechter schaffierer« fühlen und sprach von sich als »Hauptherrn dises meines Handels«. Geschickt waren mit dem neuen Gesellschaftsvertrag auch alle Frauen der Familie an den Rand gedrängt. Hatten zum Aufstieg der Firma ganz wesentlich geschäftstüchtige Ehefrauen und Witwen beigetragen, ging nun die Initiative ausschließlich auf die Männer – die »mennlich erben und nachkommen« – über. Teilhaber konnten fortan nur Männer werden, die Frauen der Familie wurden dagegen ausbezahlt und »kaltgestellt«. Das Ehrenbuch nennt als Grund für das rigorose Vorgehen, »auff das der fuggerisch Handel in allweg unzertailt bleibe« – und dennoch war der explizite Ausschluss von Frauen aus dem Teilhaberkreis einer Handelsfirma selbst in dieser Zeit ungewöhnlich. Das Ehrenbuch verschweigt konsequent die Leistung der weiblichen Mitglieder des Hauses Fugger, die nur als Ehefrauen, Mütter und Witwen Erwähnung finden.

DIE HÄUSER AM WEINMARKT

Es entsprach nicht dem Selbstverständnis Jakob Fuggers, auf ewige Zeiten Untermieter seiner Schwiegermutter zu bleiben. Im Januar 1511 kaufte er Sibylla Sulzer mit dem Einverständnis ihrer erwachsenen Kinder das Haus am Augsburger Weinmarkt um 3573 rheinische Gulden ab und erwarb den darin befindlichen Hausrat um zusätzliche 500 Gulden. Noch im Herbst desselben Jahres erstand er für weitere 2400 rheinische Gulden das nördlich angrenzende Nachbarhaus von Thomas Ehinger und seiner Gattin. Diese beiden Anwesen, heute Maximilianstraße 36, ließ Jakob Fugger bis 1515 aller Wahrscheinlichkeit nach von dem Augsburger Stadtwerkmeister Jakob Zwitzel, Schüler und Nachfolger Burkhard Engelbergs, zu einem einzigen grandiosen Stadtpalast zusammenfassen. In späteren Jahren, 1523, kaufte er von seiner Schwägerin Regina Kunigsperger und ihrem Mann Georg noch das südliche Nachbarhaus, heute Maximilianstraße 38, hinzu, welches er

So prächtig sahen die Fuggerhäuser an der Maximilianstraße einst aus: Die Fassaden zierten üppige Wandmalereien, das Dach besaß Ziergiebel und eine kostspielige Kupferbedeckung. – Kupferstich, 17. Jahrhundert.

in den Gesamtkomplex integrieren ließ. Unter seinen Neffen und Erben erfolgten weitere Zukäufe und Umarbeiten, sodass nach und nach ein ganzes Häuserkarree an Augsburgs prominentester Fernstraße bis hin zum Zeugplatz in den Besitz der Fugger kam. Nichts hätte den Aufstieg des Geschlechts besser veranschaulichen können als diese mit verschwenderischer Pracht ausgestattete Luxusimmobilie – kein Handelshaus besaß Großartigeres!

Mit einer Fassadenlänge von insgesamt 68 Metern und der bunten Wandbemalung sprang dieses Objekt jedem fürstlichen Besucher, der von Süden kommend zunächst durch enge Straßenzüge in die »Herzstube« der Stadt einzog, sofort ins Auge und machte ihn auf die Besitzerfamilie aufmerksam. Für die Aufzüge und Turniere, die auf dem Weinmarkt zu Zeiten Kaiser Maximilians I. und Karls V. stattfanden, gab der

Fuggerpalast eine standesgemäße Festkulisse ab. Repräsentativer konnte man in der Stadt nicht auftreten.

Mit viel Liebe zum Detail widmete sich Jakob Fugger dem Ausbau seines Domizils, in dem er nicht nur seine privaten Wohnräume, sondern auch seine Firmenzentrale unterbrachte. Bequemlichkeit und Funktionalität mussten ineinander übergehen. So griff er für den Baukörper zwar auf die Form eines typischen patrizischen Bürger- und Kaufmannshauses des 16. Jahrhunderts zurück – mit tiefen Portaleinfahrten, gewölbten Erdgeschosshallen und mehreren geräumigen Innenhöfen –, doch verlieh er ihnen eine starke »welsche«, d. h. italienische Note, indem er einzelne Bauelemente, wie offene Arkadengänge, schlanke Kalksteinsäulen mit toskanischen Kapitellen, Galerien und Balustraden, stärker als üblich betonte. Sie erinnerten ihn wohl an die sonnigen Tage im Süden. Insbesondere in einem der Höfe, dem sogenannten Damenhof (um 1515), der sich hinter der nördlichen kreuzgratgewölbten Erdgeschosshalle eröffnete, hinterließ Jakob Fugger einen Beweis seiner Italienliebe: Rotmarmorne Säulen toskanischer Ordnung, dazwischen luftige Terrakottabögen mit eingelegten runden Zierscheiben und zarte Grotesken-Wandmalereien atmen den Geist Italiens und lassen an den Palazzo Medici Riccardi in Florenz als Vorbild denken. Der nur mäßig große und daher intim wirkende Damenhof gilt als erster profaner Renaissancebau in Deutschland – ein wahres Schmuckstück, in dem schon zu Jakob Fuggers Zeiten längst keine Kaufmannswaren mehr ausgeladen wurden. Er diente dem Amüsement seiner Bewohner, dem Geplauder der Damen, dem Ballspiel und den Musikanten, die von den Säulenbalustraden der Altane herab aufspielten. An welche Art von Gästen Jakob Fugger dabei dachte, deutete er mit der Ausmalung des Innenhofes an: Die Szenen entnahm er dem »Triumphzug« Kaiser Maximilians, dem künstlerischen Lieblingsprojekt des Habsburgers, der sich mit einer groß angelegten, seine Taten verherrlichenden Holzschnittdruckfolge ein eigenes Bild-Denkmal setzten wollte. 24 aquarellierte Federzeichnungen dazu waren bereits zwischen 1507 und 1512 aus der Werkstatt

Der sogenannte »Damenhof« ist Jakob Fuggers Hommage an Italien. Mit ihm brachte er das Flair der Renaissance nach Schwaben.

Albrecht Altdorfers erschienen (Holzschnittversion ab 1516). Diese nahm Fugger zum Vorbild für seine eigenen Wandmalereien im Obergaden des Damenhofes, die er von erfahrenen Malern realisieren ließ. So war der elegante, italienischen Charme versprühende Innenhof eine Referenz an den Kaiser, der gleichzeitig als Jakobs treuester Kunde und in dieser Eigenschaft als »Patron« der Fuggerschen Vermögensakkumulation gesehen werden kann.

Die Repräsentation nahm in den Fuggerhäusern einen deutlich höheren Stellenwert ein als noch im Haus am Rindermarkt. Für die Fassadengestaltung zur prominenten Maximilianstraße hin gewann der Bauherr einen vorzüglichen Augsburger Maler – wohl Hans Burgkmair d. Ä. oder Christoph Amberger –, der historische Schlachtenszenen, naturalistische Pferdedarstellungen, rossbändigende Jünglinge und allegorische Darstellungen in monumentalen Ausmaßen realisieren konnte. Spätere Stiche zeigen ansatzweise diese über mehrere Geschosse gehende friesartige Fassadenmalerei. Dabei kam auch strahlende Goldfarbe zum Einsatz. Über die genauen Bildinhalte sind wir nicht unterrichtet, denn die Wandmalereien waren bereits 1761 so stark beschädigt, dass man sie übertünchte. 1860/63 ging der Historienmaler Ferdinand Wagner aus Schwabmünchen an eine Neugestaltung der Fassade und trug Szenen aus der Stadt- und Fuggergeschichte im Stil der späten Nazarener auf.

Für die Außenwirkung ließ sich der Hausherr zusätzlich noch etwas ganz Besonderes einfallen: Der Kupfer-Magnat entschied sich für eine Kupferdeckung des massigen, auf gleiche Firsthöhe gebrachten und mit Zier- und Aufzugsgiebeln versehenen Satteldaches. Dies war für Profanbauten in Deutschland noch völlig neu – gedeckt wurde hierzulande mit Ziegel. 1515 schloss Jakob mit Maximilian I. einen Vertrag zur zollfreien Einfuhr ungarischen Kupfers, um »mein Haus und sonst allhie zu Augsburg meiner guten Freunde Häuser zu decken«. So erhielten die Weinmarkthäuser zusammen mit dem vor der Stadt gelegenen Schloss Wellenburg und der Augsburger Stiftskirche Heilig Kreuz eine moderne Deckung mit Kupfer aus den hauseigenen slowakischen Gruben – eine Demonstration sowohl von Fuggers unternehmerischer Leistung als auch seiner städtebaulichen Ambitionen. 400 Zentner des eingeführten goldschimmernden Metalls reservierte er laut Vertrag für sich selbst und löste damit einen baulichen Trend aus: Nach ihm gönnten sich auch andere Bauherren, geistliche wie weltliche, Kupferdächer zur Bekrönung ihrer Bauten.

An der Innengestaltung seines Stadtpalastes sparte Fugger erst recht nicht: Er stattete seine bis zu 4,5 Meter hohen Räume mit hölzernen Kassettendecken, Ledertapeten, Marmorkaminen, Tapisserien, Säulen und Türrahmungen aus rotem Marmor aus. Während er selbst mit Sibylla die Wohnräume im ursprünglichen Sulzerhaus weiter nutzte, entstanden vor allem im zugekauften Ehinger-Haus repräsentative Gästeräume mit Blick zur Maximilianstraße hin. Der Italiener Antonio Beatis, der als Begleiter des Kardinals Luigi d'Aragona im Mai 1517 in Augsburg weilte, zeigte sich in seinem Reisetagebuch überwältigt von seinem Besuch im Fuggerhaus: »Der Palast gehört zu den schönsten in Deutschland. Er ist mit buntfarbigen Marmorsteinen verziert. Die Straßenfassade zeigt Geschichtsbilder mit vielem Gold und vollkommensten Farben. Das Dach ist ganz von Kupfer. Außer den nach deutscher Art eingerichteten Räumen erblickt man auch einige nach italienischem Geschmack, sehr schön und mit gutem Verständnis hergestellt.« Noch viele nach ihm begeisterten sich für den Kunstsinn Jakob Fuggers und seiner Nachfolger. Wer als vornehmer Besucher nach Augsburg reiste, wollte die Fuggerhäuser und ihre Gärten sehen. In seiner »costlichen Behausung«, wie Clemens Sender das Fuggerpalais nennt, fühlte sich der Firmenchef selbst sichtlich wohl. Obwohl ihm später als geadeltem Grundherrn viele andere Prunkbauten auf dem Land zur Verfügung standen, verbrachte er doch die meiste Zeit in Augsburg und leitete von seinem ›Homeoffice‹ aus – der hier neu eingerichteten »goldenen Stube« – seine europaweiten Aktionen. Leben und Arbeiten waren ihm eins. Nicht zuletzt erwartete er hier auch seinen Tod. Sein Sterbezimmer, die »hintere Stube«, befand sich gleich neben der Hauskapelle, die er im Obergeschoss des Westtraktes hatte einrichten lassen.

Antons Sohn Hans gelang in der Verschönerung des Stadtpalastes ein weiterer Triumph, als er für seine Antiken-, Gemälde-, Instrumenten- und Büchersammlung im hinteren, an den Zeughausplatz angrenzenden Teil seines ererbten Anwesens prunkvolle Kunstkabinette einrichtete, die heute unter dem Namen »Badstuben« bekannt sind. Aus Florenz holte er dafür eine Künstlerschar, die sich bereits in den Diensten der Medici bewährt hatte. Unter Federführung des Architekten und Malers Friedrich Sustris entstanden zwischen 1569 und 1571 erlesene, viel gerühmte Räume im Stil der Spätrenaissance mit überbordendem Stuck und Wandmalereien. Die Künstlertruppe erwarb sich mit der Ausstattung so viele Lorbeeren, dass der bayerische Herzog Wilhelm V. sie nach München für den Ausbau der Residenz holte und Sustris zum Hofbaumeister ernannte.

Prominente Gäste im Hause Fugger

Die Fuggerhäuser sahen viele illustre Gäste. Noch vor dem Umbau konnte Jakob 1510 Kaiser Maximilian I. in seinem Heim begrüßen, als jener vor und nach einem Turnier auf dem Weinmarkt mehrmals mit ihm speiste. Nach dem Zeugnis des Ehrenbuches habe der Monarch den bürgerlichen Bankiers wegen seiner »freundliche Hilf und holdselig Erbieten, treffentlich seer geliebet« und die Zusammenkünfte mit ihm geschätzt.

Während des Augsburger Reichstags 1518 gab sich die Prominenz die Klinke in die Hand. Herzogin Susanna von Bayern und Markgraf Kasimir von Brandenburg hielten sogar Teile ihrer Hochzeitsfeierlichkeiten in Fuggers Stadtpalast ab, der eine geeignete Kulisse für Festessen, Bälle und Empfänge abgab. Noch im selben Jahr nahm der päpstliche Legat Kardinal Thomas Cajetan dort Quartier, um den abtrünnigen Mönch Martin Luther zu verhören. Im Mai 1521 kehrte der österreichische Erzherzog Ferdinand hier ein und wurde von Fugger mit einem Festessen verwöhnt, zu dem auch der bayerische Herzog Wilhelm sowie der Augsburger Kardinal und Salzburger Erzbischof Matthäus Lang geladen waren. 20 verschiedene Speisen, darunter allein acht Fischgerichte, tischte der Gastgeber zu dieser Gelegenheit auf, was der Chronist und Schwager Wilhelm Rem missbilligend als zu verschwenderisch kritisierte.

Doch Fugger war repräsentatives Auftreten sehr wichtig. Nach dem Zeugnis Clemens Senders gab er der gehobenen Stadtgesellschaft »viel schöne Mummereien und gewöhnliche Schlittenfahrten, Tanzen und sonst viel ehrlicher Freude«, die ihm enorme Bewunderung einbrachten. Von außergewöhnlichen Lustbarkeiten berichtet auch Antonio de Beatis anlässlich des Empfangs, den Fugger Kardinal Luigi d'Aragona im Mai 1517 bereitete.

Jakobs Neffe und Nachfolger Anton ging noch einen Schritt weiter und errichtete für hohe Besucher ein eigenes Gäste- und Festquartier im rückwärtigen Teil des

Jakob Fuggers Nachfolger bauten die Häuser am Weinmarkt weiter aus. Unter Hans Fugger wurden als Kunstkabinette die sog. »Badstuben« errichtet und prachtvoll im Stil der Spätrenaissance ausgestattet.

Anwesens, das sogenannte »kaiserliche Palatium«. In diesem prächtig ausgestatteten Appartement am ruhigen Serenadenhof weilte Kaiser Karl V. bei seinen Besuchen in Augsburg in den Jahren 1547/48 und 1551. Hier ließ er sich von seinem Maler Tizian während des »geharnischten Reichstages« (1547) gleich zwei Mal in Öl verewigen: einmal hoch zu Ross in der Pose des Siegers in der Schlacht von Mühlberg, das andere Mal erschöpft von den Regierungsgeschäften, sitzend im Lehnstuhl. Neben dem Kaiser weilten der Pfalzgraf bei Rhein, Herzog Heinrich von Braunschweig, Königin Maria von Ungarn und der spätere spanische König Philipp II. in Anton Fuggers Residenz. Der Hausherr selbst ließ sich »viel Gemäch unten und oben ganz herrlich erbauen«, wie die Fuggerchronik zu berichten weiß. Sein eigenes Haupt bettete er in einer »guldin Kammer« zur Ruhe – so nannte man das Schlafzimmer mit den goldgeprägten Ledertapeten.

Der französische Humanist Michel de Montaigne, der 1580 Augsburg besuchte, zeigte sich vom Fuggerschen Glanz zutiefst beeindruckt: »Das sind die prächtigsten Säle, die ich je gesehen habe«, staunte der in Europa weit umhergekommene Mann. »Wir sahen zwei Säle in ihrem Haus; der eine war groß, hoch mit Marmor ausgelegt, der andere ist niedrig, reich an alten und modernen Medaillons und besitzt am Ende ein kleines Kabinett.« Auch der Stadt kam der Hang zum Luxus des Fuggerhauses zugute: Er wirkte wie ein Magnet auf ausländische Bildungsreisende. »Augsburg ist ein deutsches Florenz«, lobte der Humanist und Reformator Philipp Melanchthon schon im 16. Jahrhundert.

Von der ganzen Fuggerpracht ist heute nicht mehr viel übriggeblieben. Die Weinmarkthäuser brannten während der Luftangriffe des Zweiten Weltkriegs 1944 bis auf die Wölbungen des Erdgeschosshallen nieder und wurden in der Nachkriegszeit in vereinfachter Form wieder aufgebaut. Dennoch gibt auch das wiedererrichtete Gebäude mit seinem mächtigen Adlertor, den gewölbten Erdgeschosshallen, in denen sich heute die Fürst-Fugger-Privatbank und eine Buchhandlung befinden, und dem zum Verweilen einladenden Damenhof einen Eindruck davon, in welchem Ambiente die Firmenherren aus dem Hause Fugger lebten und arbeiteten.

4 Der Multimillionär: Herr über ein Firmenimperium

DER MONTANHANDEL

In den Tiefen der Berge lag Jakob Fuggers Erfolgsrezept verborgen. Sein wichtigster und lukrativster Geschäftszweig blieb bis zu seinem Tod der Montansektor. Durch ihn erweiterte er seinen Aktionsradius auf ganz Europa und erwirtschaftete dabei so traumhaft hohe Gewinne, dass er als Kreditgeber politischen Einfluss ausüben konnte. Ohne sein Kapital wären die Habsburger Kaiser Maximilian I. und Karl V. nicht handlungsfähig gewesen. Jakob Fugger finanzierte ihre Kriege, ihre Königswahlen, ihre strategischen Hochzeiten, die ihnen langfristig neue Königreiche eintrugen.

Das Geld dazu kam aus den Bergen. Doch hohe Investitionen waren mit dem Bergbau verbunden. Um das Risiko eines Ausfalls des investierten Kapitals zu minimieren, streute Fugger seine Besitzanteile breit. Seit den späten 1480er-Jahren hatte er im Salzkammergut verschuldete kleinere Gold- und Silbergruben aufgekauft und im Zentrum Gastein Lager und Schmelzhütten eingerichtet. Das Tauern-Erz, das hoch über Gastein und im Raurisertal abgebaut wurde, brachte zwar gute Gewinne auf dem Markt von Venedig und verdrängte darüber hinaus die konkurrierenden Kaufleute aus der Stadt Judenburg, doch brachte erst der Einstieg ins Tiroler Silbergeschäft richtig hohe Profite. Der Erfolg der Tiroler Unternehmungen beflügelte andererseits die Idee, trotz riesigen Investitionsbedarfs auch in die Ausbeute slowakischer Kupfer- und Silbervorkommen einzusteigen. Erst dieser Schritt bescherte den Fuggern schließlich jene Traumrenditen, die sie zu »Königen der Kaufleute« machten. Der Eindruck der Zeitgenossen, der Reichtum »des goldenen Augsburgs« sei auf »dem kupfernen Neusohl« gegründet, war nicht unberechtigt.

Es waren nicht nur Fuggers Kapital und die damit einhergehende technische Modernisierung, die das Bergwerksgeschäft so rentabel machten, sondern ebenso die überaus innovativen Vertriebsstrategien des Firmenherrn: Um die Erze auf die Warenumschlagplätze nach Breslau, Krakau, Danzig und Antwerpen zu bringen, kümmerte er sich um die nötigen Verkehrsverbindungen. So ließ er eine neue Straße über den Jablonka-Pass von Neusohl nach Teschen erbauen, die lange den bezeichnenden Namen »alte Kupferstraße« trug, sowie eine weitere über den Stubener-Wald-Pass ins Waagtal nach Rosenberg, der die bislang benutzten Routen erheblich verkürzte. Eine Reihe von Zoll- und Stapelvereinbarungen sicherte die Transporte mit lokalen Fürsten wie dem Herzog von Schlesien-Teschen oder den Grafen von Zips zusätzlich ab. Entlang der neuen Wege entstanden Lagerstätten, Gasthäuser und Unterkünfte, Werkstätten, Fuhrbetriebe. Das Fuggersche Unternehmen verantwortete den Wirtschaftsaufschwung einer ganzen Region.

Mit dem Betrieb von hauseigenen Hammerwerken, Schmelz- und Saigerhütten sowie mit dem Kauf eigener Bleiwerke in Kärnten hielt Jakob Fugger alle zentralen, zum Erzabbau nötigen Schritte in seiner Hand – von der Rohstoffgewinnung über die Verarbeitung der Erze bis zu ihrem Transport auf die Absatzmärkte. Er wandelte sich vom mittelalterlichen Fernkaufmann zum frühneuzeitlichen Unternehmer – böse Zungen behaupteten sogar: zum Monopolisten, denn ab 1498 beherrschte er den ungarischen Kupferbergbau praktisch konkurrenzlos. Sein Marktinstinkt ließ ihn auf die steigende Nachfrage nach Kupfer setzen, und mit dieser Einschätzung behielt er Recht. Kupfer wurde bald sogar stärker nachgefragt als Silber. So begann Jakob nach 1490 selbstredend auch in den Tiroler Kupferhandel einzusteigen und erwarb 1522 eigene Gruben und Hüttenwerke in Schwaz von einem bankrotten Geschäftsmann. Eingedenk der Tatsache, dass im zweiten Jahrzehnt des 16. Jahrhunderts rund 40 Prozent der europäischen Kupferproduktion auf die Slowakei entfielen und weitere 40 Prozent aus dem Alpenraum kamen, lässt sich erahnen, welch dominante Rolle Jakob Fugger in diesem Wirtschaftssegment einnahm – auch wenn der Monopolvorwurf unzutreffend war, weil immer noch Konkurrenten auf dem Markt agierten.

Ein willensstarker Mann in seinen besten Jahren. – Porträtzeichnung Jakob Fuggers von Hans Holbein d. Ä., 1509.

Das Kupfersyndikat

Das Überschwemmen des Marktes mit ungarischem Kupfer ließ den Preis für Tiroler Kupfer in Venedig fallen. Davon waren nicht nur die Fugger selbst, sondern auch die Firmen der Augsburger Handelsgesellschaften Gossembrot und Herwart sowie der Kufsteiner Baumgartner betroffen. Der Tiroler Landesherr, der Habsburger Maximilian, stets knapp bei Kasse und gerade in dringenden Geldnöten wegen seiner Feldzüge in Italien, fürchtete ebenfalls um seine Einnahmequellen infolge des zusammenbrechenden Kupfermarktes. So wirkte er mit Nachdruck darauf hin, dass die im Kupferhandel tätigen Firmen sich zu einem Syndikat zusammenschlossen und eine bestimmte Menge Kupfer auf gemeinsame Rechnung und zu einem abgesprochenen Preis in Venedig absetzten. Ein diesbezüglicher Vertrag wurde am 12. März 1498 unterzeichnet. Der Faktor der Fugger, Hans Keller, sollte den Verkauf am Rialto organisieren.

An einen erzwungenen Vertrag fühlte sich Jakob Fugger indes nicht gebunden. Unter dem Namen seines Kompagnons Hans Thurzo warf er ungarisches Kupfer zu Dumpingpreisen auf den Markt, um das Syndikat zu sprengen. Das Tiroler Erz ließ sich nicht mehr verkaufen, die Preisabsprachen verpufften. Jakob bot mit diesem Verhalten indirekt auch dem König die Stirn. Ein Jahr später kam es zum Vergleich: Jakob überließ seinen düpierten Syndikatspartnern die venezianischen Kupfervorräte gegen einen Festpreis zum freien Verkauf.

Geschadet hat Fugger das Manöver finanziell nicht – ganz im Gegenteil, von den im Anschluss hochschnellenden Kupferpreisen profitierte er. Aber sein Ansehen als Kaufmann litt schwer darunter. Seine Vertragspartner fühlten sich von ihm betrogen, machten am Innsbrucker Hof gar Stimmung gegen ihn – insbesondere Georg Gossembrot, ein einflussreicher Ratgeber Maximilians und Bruder des Handelsherrn Sigmund Gossembrot. Der Augsburger Stadtschreiber und Humanist Konrad Peutinger, der ein Gutachten über die Rechtmäßigkeit von Syndikaten verfasste, hielt zwar solche mit dem »gemeinen Nutzen« für vereinbar und Preisabsprachen für legitim, da sie eher zu niedrigeren als zu höheren Preisen führten, doch warf er Fugger unehrenhaftes Verhalten vor. Er habe das Vertrauen seiner Kollegen schamlos ausgenutzt, so sein Vorwurf. Treu und Glauben müssten etwas gelten in der Kaufmannschaft. Im Rückgriff auf antike Autoren wie Aristoteles und Cicero forderte Peutinger ethische Prinzipien in der Wirtschaft ein. So blieb langfristig ein dunkler Flecken an Jakob Fuggers goldener Weste hängen.

DAS EUROPAWEITE NETZ DER FAKTOREIEN

Um die begehrten Erze zu ihren Abnehmern zu bringen, überzogen die Fugger Europa mit einem Netz an Niederlassungen. In Breslau gründeten sie spätestens 1498 eine eigene Zweigstelle, um das ungarische Kupfer nach Norden und Osten zu vertreiben. Der größte Teil des Kupfers ging von Breslau nach Leipzig und von dort zur Weiterverarbeitung ins thüringische Hüttenwerk Hohenkirchen bei Ohrdruf (etwa 15 km südlich von Gotha). Die Faktoreien im polnischen Krakau und im ungarischen Ofen (Budapest) erschlossen dagegen die Routen zur Ostsee und von dort weiter nach Westen: Über die Hafenstädte Danzig und Stettin erreichte das Kupfer auf dem Seeweg Antwerpen. Die Hafenstadt an der Schelde begann aufgrund des Kupferbooms Venedig den Rang als Welthandelsplatz abzulaufen, weil sie für Kaufleute aus den aufstrebenden Seemächten Portugal und Spanien besser erreichbar war als die Lagunenstadt. Zwischen 1510 und 1512 sank der Anteil Venedigs am ungarischen Kupferhandel drastisch; nur noch drei Prozent des geförderten Metalls wurden am Rialto verhandelt. Im weitaus bedeutenderen Antwerpen unterhielten die Fugger spätestens seit 1493 eine

Antwerpen stieg im 16. Jahrhundert in Konkurrenz zu Venedig zum neuen Welthandelsplatz auf. Die Stadt an der Schelde war für Kaufleute aus ganz Europa gut zu erreichen. Am Grote Markt standen die prächtigsten Zunft- und Gildehäuser.

eigene Faktorei, über die nun etwa die Hälfte des geförderten ungarischen Kupfers umgeschlagen wurde; die Hauptabnehmer waren die Portugiesen, die Kupfer für ihren Überseehandel benötigten und im Gegenzug Pfeffer aus Asien nach Norden lieferten.

Die Faktorei in Wien erschloss die Märkte nach Südosten, da die Donau als bequemer, wenn auch nicht kostenloser Wasserweg zur Verfügung stand. Für den Transport des Kupfers von Wien nach Regensburg und Passau schloss die Handelsgesellschaft eine Reihe von Zollvereinbarungen mit den lokalen Machthabern, so den Herzögen von Bayern sowie den Bischöfen von Passau und Regensburg, ab.

Nach und nach hielten die Fugger auf diese Weise in allen größeren Handelsstädten des Kontinents Niederlassungen: in Venedig ebenso wie in Rom, Neapel und Mailand, in Nürnberg so gut wie in Frankfurt und Leipzig, in Madrid wie in Lissabon. Ende der 1520er-Jahre konnte die Gesellschaft bereits auf über 70 Standorte in Europa zurückgreifen. Die Handelsmarke der Fugger, ein Dreizack mit Ring, fand überall Verbreitung und Beachtung.

Als Firmenrepräsentanzen statteten die Fugger ihre Faktoreigebäude prächtig aus – schließlich sollten Kundschaft wie Konkurrenz sehen, welch mächtiges Handelshaus vor Ort logierte. In Antwerpen kauften sie daher 1508 das stattliche Domizil des reichen, aber verschuldeten Pfeffer- und Gewürzhändlers Nicol van Rechterghem in der »Steenhouwersvest« auf, auch Haus Aken genannt, und ließen es großzügig ausbauen. Im Tagebuch seiner niederländischen Reise berichtet Albrecht Dürer 1520 von seinen Besuchen in der Fuggerfaktorei, deren stattlichen Turm und weitläufigen Garten er bewunderte. Selbst die Hengste Jakob Fuggers wurden ihm vorgeführt. Wie aus späteren Inventarlisten hervorgeht, war das Antwerpener Domizil mit einer verschwenderischen Pracht an Möbeln, Tapeten, Wandbehängen, Gemälden, Musikinstrumenten und Silbergeschirr ausgestattet. Es gab eine eigene Hauskapelle, ein Papageienhaus, ein Sommerhäuschen und ein Badstüblein. Selbst die kaiserliche Hofgesellschaft konnte in diesen reich geschmückten Sälen standesgemäß empfangen werden.

Nicht weniger repräsentativ nahmen sich die Faktoreien in Rom oder Ofen aus. In Rom logierte die Gesellschaft passenderweise im alten Geschäfts- und Bankenquartier in der Via dei Banchi Vecchi. Der Palazzo erhielt zu Beginn der 1520er-Jahre im Hof und an der Loggia aufwändige Renaissance-Fresken durch den Raffael-Schüler Perino del Vaga, der ansonsten nur für die Päpste im Vatikan arbeitete. Das Gebäude zog immer wieder die Aufmerksamkeit der Öffentlichkeit durch den Festschmuck auf sich, den es anlässlich außergewöhnlicher Ereignisse wie Krönungen oder Umzügen von Päpsten erhielt. Der Faktor Johann Zink tat sein Bestes, um mit Festdekorationen die ›Publicity‹ zu mehren. Doch der Sacco di Roma (1527), als kaiserliche Soldtruppen Rom tagelang verheerend plünderten, beendete die Existenz der Faktorei. Über die Fuggerniederlassung wurden zwar noch recht geschäftstüchtig Teile der Kriegsbeute, die Landsknechte und Trossangehörige gemacht hatten, nach Deutschland transferiert, danach erschienen die politischen Verhältnisse aber als so unsicher, dass sich die Fugger aus Rom zurückzogen und ihre Geschäfte fortan von Venedig und Neapel aus regelten.

Ein ähnliches, wenn auch deutlich glimpflicheres Schicksal erlitt die Faktorei in Ofen, wo die Fugger für die hohe Summe von 2000 Gulden zwischen 1500 und 1504 ein Anwesen mit Garten in prominenter Lage angekauft hatten: In der Allerheiligengasse direkt zwischen Burg und Krönungskirche, ganz in der Nachbarschaft des Stadtpalais des Erzbischofs von Gran (Esztergom), residierten sie im Zentrum des Geschehens. Doch auch hier unterbrachen politische Unruhen den geregelten Gelderwerb: 1525 erhoben sich im Rahmen des Bauernkriegs die Bergknappen, verhafteten den Fuggerfaktor Hans Alber und plünderten die Niederlassung gründlich. 159 Mark Silbergeschirr gingen dabei verloren.

Mit besonderem Prunk warteten die Faktoreien im Herzstück des Fuggerschen Handels, in Tirol und Kärnten, auf: In Schwaz ist die erste Fuggerresidenz im heutigen Rathaus zu sehen – einem spätgotischen, viergeschossigen, zwischen 1500 und 1509 von den Bergwerksunternehmern Hans und Jörg Stöckl errichteten Bau direkt an der Hauptverkehrsader des Ortes. Mit elf Fensterachsen in der Breite, einem achteckigen Mittelerker zur Straßenfront hin und einem geräumigen Hof mit Pfeilerarkaden, heute ein efeuberanktes Idyll, stellte es einen würdigen Prachtbau im Zentrum der Altstadt dar. Von hier aus betrieben die Fugger, die mit den Stöckl eng zusammenarbeiteten, ihre Geschäfte. Kein Vergleich zu den Anfängen in Innsbruck, als Jakob Fugger sich mit einer angemieteten, bescheidenen Schreibstube in der Silbergasse begnügt hatte! Anton Fugger, Jakobs Neffe und Nachfolger, wird um 1525 in Schwaz einen noch imposanteren Bau, ein hoch aufragendes, fast burgähnliches Haus, errichten, das heute sogenannte Kreuzwegerhaus an der Fuggergasse, das ihm zeitweise sogar während des Schmalkaldischen Krieges (1546/47) als Firmenzentrale diente.

Nicht weniger pompös nahm sich die Niederlassung in Kärnten, in Fuggerau, aus, wo eine der wichtigsten Saigerhütten des Unternehmens stand. Hier errichteten die Fuggerbrüder mit Erlaubnis des Bamberger Bischofs und des Abts von Arnoldstein ab 1496 ein mit Türmen und Gräben befestigtes, burgartiges Gebäude und erwarben landwirtschaftliche Liegenschaften, über die sie die Grundherrschaft ausübten. Innerhalb des befestigten Areals mit den Wohnräumen wurden auch Gold- und Silberschmelzereien betrieben. Zum Entsetzen der Tiroler Behörden goss Jakob Fugger auf seinem fürstlich ausgestatteten Sitz sogar eigene Waffen. Überliefert sind 1504 immerhin 261 Büchsen für den Eigenschutz. Die Baukosten der Gesamtanlage verschlangen rund 50.000 Gulden. 1570 wurde das Anwesen verkauft. Mit dem Verfall der Gebäude – auf einem Stich von 1688 sind die Ruinen noch zu erkennen – verschwand auch der Flurname Fuggerau.

Selbst in Venedig investierten die Fugger noch, als die Lagunenstadt ihren Rang als Welthandelsplatz absehbar an Antwerpen verlor. Als im Januar 1505 ein verheerender Brand den Fondaco dei Tedeschi zerstörte, begann die Serenissima sofort mit dem Wiederaufbau des Gebäudes, um die deutschen Kaufleute am Ort zu halten. Sie machte viel Geld locker, um eine imposante vierstöckige Vierflügelanlage mit großem Innenhof und ebenerdigen Lagergewölben hinzustellen, die der Bequemlichkeit wie dem Repräsentationsbedürfnis der Herren Kaufleute entgegenkam. Bedeutende Künstler wie Tizian und Giorgione wurden beauftragt, die Außenwände und den Hof mit Reiterfiguren, Arabesken und Köpfen römischer Imperatoren zu bemalen. Solcherart geschmückt, öffnete sich der Palazzo zum Canal Grande hin mit einer fünfbogigen Loggia zum Anlanden und Ausladen der Schiffe. In diesem Prunkbau belegte das Haus Fugger die prominentesten und im Mietpreis teuersten Kammern – im ersten Obergeschoss mit Blick auf die Rialtobrücke. Der Name Fugger erscheint im Mieterverzeichnis des Neubaus vom Januar 1508 an erster Stelle. Jakob machte damit deutlich, dass er an seinem Italienhandel und dem Geschäftszentrum Venedig festzuhalten ge-

In Schwaz (Tirol) ließ Anton Fugger das imposante Kreuzwegerhaus errichten. Während des Schmalkaldischen Krieges diente es ihm als Wohnsitz und Firmenzentrale.

dachte und den beginnenden Überseehandel mit der Verlagerung der Verkehrswege nicht zu überschätzen bereit war. Daher ließ er die Kammern im Fondaco in den folgenden Jahrzehnten so repräsentativ ausstatten, dass man sie die »Paradieskammern der Fugger« nannte; Zeitgenossen sahen in der »camera di Foccari« eine überwältigende Fülle an wertvollen Gobelins, Spiegeln, Landkarten und goldverzierten Ledermöbeln. Noch heute lassen sich an der Fassade des Fondaco die durchbrochenen Fugger-Lilienmedaillons an zwei Fensterbrüstungen im ersten Obergeschoss ausmachen.

Über die Faktoreien lief nicht nur der Warenaustausch, sondern auch die geschäftliche Kommunikation des Handelshauses. Jakob Fugger nutzte zum Informationstransfer bereits vorhandene reichsstädtische oder kaiserliche Botensysteme – die Reichsstädte Augsburg und Nürnberg unterhielten seit Mitte des 14. Jahrhunderts beispielsweise regelmäßige Postverbindungen nach Venedig, und Kaiser Maximilian baute mit Hilfe des Hauses Thurn und Taxis einen Postdienst auf –, nahm aber auch eigene Kuriere unter Vertrag. Denn in den Faktoreien der großen Handelsmetropolen erfuhr man in der Regel am schnellsten von neuen politischen Entwicklungen: Herrscherwechsel, Feldzüge, Aufstände, Boykottvorhaben oder Epidemieausbrüche. Diese Informationen waren nicht nur für Kaufleute von Interesse, um gegebenenfalls bei aufziehender Gefahr Käufe verschieben oder andere Transportrouten wählen zu können, sondern gleichermaßen für Kaiser, Päpste und Fürsten. Jakob Fugger bot auch auf diesem neuartigen Feld seine Dienste an: Er unterrichtete einerseits seine hochrangigen Kunden über aktuelle Ereignisse, die er über seine Faktoreien in Erfahrung gebracht hatte, und leitete andererseits wichtige Botschaften und Nachrichten in ihrem Auftrag weiter. Neben Kupfer, Baumwolle und Gewürzen wechselten auf diese Weise immer wieder die neuesten »Zeitungen« den Besitzer. Wichtige Post Kaiser Maximilians ließ Fugger zwischen Tiroler Handelswaren verstecken, um sie beispielsweise an den königlichen Agenten Daniel Rauch nach Rom zu senden. Die Serenissima zeigte sich hochbeglückt, als sie über das Fuggersche Nachrichtensystem als erste vom Sieg ihrer Flotte über die Türken im August 1499 erfuhr. Selbst der Papst bediente sich der als sehr zuverlässig geltenden Fugger-Stafetten. Mit Herzog Georg von Sachsen hielt Jakob in seinen letzten Lebensjahren selbst intensiven Briefkontakt, um ihm persönlich neueste Informationen zu übermitteln.

Doch nicht überall machten sich die Fugger mit ihrem Erscheinen beliebt. Harte Konkurrenten fanden sie beispielsweise in den Kaufleuten der Hanse, die ihren Transithandel entlang der Ostseeküste in Gefahr sahen und den schwäbischen Rivalen Steine in den Weg legten. Das mächtige Lübeck ließ sich sogar dazu hinreißen, Schiffe mit ungarischem Kupfer zu beschlagnahmen. Jakob setzte alle Hebel bis hin zu Kaiser und Papst in Bewegung, um wieder an sein Eigentum zu kommen – was ihm auch gelang.

Ebensolcher Widerstand begann sich in Ungarn zu regen. Das Eindringen fremden Kapitals werteten die einheimischen Kaufleute und Kommunen als geschäftsschädigend. Sie fürchteten um Steuern und Gewinne, beklagten den Verlust ihrer althergebrachten Privilegien und Freiheiten und opponierten nicht zuletzt gegen das Abholzen der Wälder, die dem enormen Energiebedarf im Bergbau zum Opfer fielen.

Konkurrenz lauerte indes auch im heimischen Schwaben, wo die Handelsgesellschaften der Welser, der Gossembrot, der Höchstetter, Rehlinger oder Imhof, die in ähnlichen Geschäftssegmenten wie Fugger aktiv waren, nur darauf warteten, ihn straucheln zu sehen. Nur wenn unbedingt nötig, kooperierten sie mit ihm. Einer dieser seltenen Momente war 1516 gekommen, als Kaiser Maximilian seinen Kreditgebern Ambrosius Höchstetter und Jakob Fugger gemeinsam die Tiroler Kupferausbeute der Jahre 1520 bis 1523 überschrieb und damit die Konkurrenten zur Zusammenarbeit zwang. Um sich nicht gegenseitig in einem Preiskampf zu ruinieren, sprachen sich die beiden unfreiwilligen Geschäftspartner ab und teilten den europäischen Kupfermarkt untereinander auf: So sollte in Süddeutschland und Italien nur Tiroler Kupfer, in den Niederlanden und Norddeutschland nur ungarisches Kupfer auf den Markt kommen – das erste Gebietskartell der Wirtschaftsgeschichte.

DER CHEF UND SEINE ANGESTELLTEN

Die Faktoren hatten in Fuggers Firma eine bedeutende Rolle inne. Sie mussten selbständig und verantwortungsvoll im Sinne der Gesellschaft handeln. Daher kamen nur zuverlässige und gut ausgebildete Mitarbeiter in Frage. Jakob Fugger nahm überwiegend bekannte Gesichter in Dienst: Familienmitglieder, angeheiratete Verwandte, bewährte Freunde von

Geschäftspartnern. Selbst die glücklose Verwandtschaft der Fugger vom Reh bekam bei ihm eine neue Chance als Handelsmitarbeiter und bewährte sich in dieser Rolle durchaus. In der Regel erhielten die zukünftigen Handelsdiener ihre Schulung in Italien, vorzugsweise in Venedig, wo sie die neuesten Techniken der Buch- und Kontoführung erlernten.

In den Kontoren herrschte strenge Ordnung: Dem Faktor waren weitere Buchhalter, Kassierer und Schreiber unterstellt. Professionalisierung und Hierarchisierung veränderten den Kaufmannsberuf in dieser Zeit nachhaltig. Der Leiter einer Auslandsniederlassung musste Führungsqualitäten mitbringen, umfassende Kenntnisse von Sprache und Rechtsgewohnheiten eines Landes haben und diplomatisches Geschick im Umgang mit Regierungsvertretern oder hochrangigen Kunden mitbringen. Eine Stellenausschreibung bei Jakob Fugger forderte beileibe nicht nur Fähigkeiten in den Grundrechenarten ein.

Ein Schlaglicht auf die Beschäftigungsverhältnisse in dem europaweit agierenden Konzern wirft der Arbeitsvertrag des Hans Metzler aus dem Jahr 1499. Zuvor hatte er bereits in Breslau für die Fuggerfirma gearbeitet und dabei eine zweijährige Probezeit absolviert. Nun band er sich weitere acht Jahre an die Gesellschaft und verpflichtete sich, in Neusohl seinen Lebensmittelpunkt einzurichten. Während der Vertragslaufzeit durfte er weder einen selbstständigen Handel tätigen noch für ein anderes Handelshaus arbeiten; selbst die Annahme von Geldgeschenken war ihm untersagt. Er musste in Neusohl, wenn nötig auch an anderen Orten, die geschäftlichen Interessen der Fugger vertreten. Er durfte nicht kündigen, konnte aber selbst von seinem Dienstherrn bei Unregelmäßigkeiten gekündigt werden. Als Faktor war er zu genauer Rechnungsführung und zur Verschwiegenheit verpflichtet, bei Austritt aus dem Dienst hatte er alle Bücher abzugeben.

Im Gegenzug wurde Metzler gut bezahlt: Kost und Logis erhielt er frei und sein Jahresgehalt betrug 400 Gulden – das war mehr als manches Mitglied der Tiroler Regierung erhielt. Da Metzler ein Schwiegersohn des alten Hans Thurzo war, kam ihm womöglich eine Sonderbehandlung zugute. Dafür spricht auch die Regelung, sein eigenes Vermögen zu einer Verzinsung von sieben Prozent in der Gesellschaft anlegen zu dürfen.

Doch auch aus anderen Fällen wird ersichtlich, dass Jakob Fugger das Bild eines insgesamt recht passablen Chefs abgab: Er bezahlte seine Angestellten außergewöhnlich gut – wohl nicht zuletzt, um Unterschlagungen in den weit von der Zentrale Augsburg entfernten Niederlassungen vorzubeugen. Die Gehälter bildeten die Verantwortung des Faktors ab und überschritten oft, wie Vergleiche ergaben, zeitgenössische Professorengehälter um das Doppelte oder Dreifache. Für seine Großzügigkeit forderte der Firmenherr allerdings unbedingte Leistungsbereitschaft: Akribisch prüfte er jedes Jahr die Rechnungsbücher seiner Faktoren in der Zentrale nach, monierte ungenaue Angaben, reiste bei Unregelmäßigkeiten gar selbst an. Er schickte seine Leute auf lange Dienstreisen, erwartete von ihnen einen ordentlichen Lebenswandel ohne Glücksspiel und Prasserei. Wer sich bewährte, konnte indes auf Fuggers Förderung bauen: Fleißigen Mitarbeitern schenkte er wiederholt Geld, Silbergeschirr oder festliche Kleider für die Ehefrauen. Er gewährte gelegentlich Altersversorgungen oder billigte die Möglichkeit zur Kapitaleinlage in seine Firma. In seinem Testament vom 22. Dezember 1525 erinnerte sich der Firmenchef dankbar seiner »Diener in unserem Handel« und bedachte eine Reihe seiner engsten Mitarbeiter mit Legaten.

Immer wieder gelang es Jakob Fugger, für sein Unternehmen sehr gebildete Persönlichkeiten zu gewinnen. In Tirol entstammten nicht wenige Faktoren der lokalen Oberschicht. Der Innsbrucker Faktor Hans Suiter war beispielsweise Bürgermeister seiner Stadt und Mitglied des Tiroler Landtags; auch der Leipziger Faktor Andreas Mattstedt saß im Rat seiner Stadt. Der seit etwa 1510 für Jakob Fugger in Amsterdam tätige Pompejus Occo, Neffe des Augsburger Stadtarztes Adolph Occo, bei dem sich der Firmenchef behandeln ließ, hatte eine akademische Bildung erhalten und galt in Amsterdam als wohlhabender Kunstmäzen und Sammler: Er kaufte alte Manuskripte und legte eine unter Humanisten berühmte Bibliothek an. Mit seinem Ansehen – sein Sohn stieg zum Amsterdamer Bürgermeister auf – und seiner Gelehrsamkeit machte er auf dem politischen Parkett »bella figura«. Mit großem Geschick organisierte er für Fugger den Kupfertransport durch den Öresund und führte dazu Gespräche mit dem dänischen Königshof. Nach dem Sturz Christians II. von Dänemark sicherte er der Gesellschaft trotz politischen Gegenwinds weiterhin die Durchfahrt durch die Meerenge.

Ein anderer humanistisch gebildeter Faktor war der aus dem Kaufbeurer Patriziat stammende Georg Hörmann. Er hatte in Tübingen studiert und pflegte Kontakt selbst zu hochrangigen Gelehrten wie Erasmus von Rotterdam und Philipp Melanchthon. In der Faktorei in Antwerpen saß er für Jakob Fugger jahrelang genau am richtigen Platz, bevor er um 1522 nach Schwaz wechselte, um weitere verantwortungsvolle Aufgaben zu übernehmen: Er handelte mit König Ferdinand I. und der Tiroler Regierung diverse Darlehensverträge aus. 1528 vom Kaiser geadelt, blieb er auch nach dem Tod Jakob Fuggers der Firma verbunden und führte als enger Vertrauter Anton Fuggers dessen Nachfolger in die Tiroler Geschäfte ein. Georg Hörmanns Söhne traten ebenfalls in Dienste der Fugger und übernahmen leitende Aufgaben bis hin zum Hauptfaktor in Madrid.

DER ÜBERSEEHANDEL

Jakob Fugger reagierte mit Vorsicht auf Nachrichten aus der neuen Welt. Die Ostindienfahrten der Portugiesen erschienen ihm als riskantes Unterfangen ohne Gewinngarantie. Zwar ließen die Erfolge der Expeditionen des portugiesischen Kapitäns Vasco da Gama, der 1498 erstmals – über das Kap der Guten Hoffnung hinausstoßend – Indien erreichte, aufhorchen, doch die lange und gefährliche Schiffsfahrt barg unkalkulierbare Gefahren durch Stürme, Piratenüberfälle, Krankheiten an Bord. Eher zögerlich beteiligte sich Fugger daher an der Finanzierung und Ausstattung der gewaltigen

Flotte des Seefahrers Francisco de Almeida, der 1505 vom portugiesischen König Manuel I. beauftragt war, in Indien ein Vizekönigreich für die Krone zu gründen. Jakob steuerte nur den Betrag von 4000 Dukaten bei, während andere oberschwäbische Handelshäuser weitaus höhere Summen zur Ausrüstung der vereinbarten drei Schiffe zur Verfügung stellten.

Der Hauptbuchhalter: Matthäus Schwarz

Zu den engsten und vertrautesten Mitarbeitern Jakob Fuggers zählte sein Hauptbuchhalter Matthäus Schwarz. 1497 in Augsburg als Sohn eines Wirtes und Weinhändlers geboren, absolvierte er auf Wunsch des Vaters eine kaufmännische Ausbildung in Venedig. Nach seiner Rückkehr in seine Heimatstadt nahm ihn Jakob Fugger 1516 in seine Dienste – vorerst nur auf Probe, später in Festanstellung. Schwarz stieg bis zum Hauptbuchhalter in der Augsburger Firmenzentrale auf und arbeitete sehr zur Zufriedenheit seines Chefs. Ein Bild aus seinem »Kostümbuch« zeigt ihn, in schmucker Gewandung vor seinen Büchern sitzend, zusammen mit Jakob Fugger bei der Arbeit in der Schreibstube. Der große Aktenschrank hinter den beiden weist auf die Weitläufigkeit ihrer Geschäfte hin: Auf den Schubladen stehen die Namen der wichtigsten Handelsstädte wie Rom, Venedig, Ofen, Mailand oder Antwerpen. In Schwarz' Hand liefen die Zahlen und Bilanzen des Unternehmens zusammen.

Matthäus Schwarz fand erstaunlicherweise über seiner tagefüllenden Tätigkeit in der Buchhaltung hinaus noch Zeit für andere »Freizeitbeschäftigungen«. So verfasste er 1518 ein kaufmännisches »Musterbuch«, in dem er die Grundlagen der Buchhaltung und die verschiedenen Techniken der Buchführung erklärte und am Beispiel der Faktorei Venedig einen ordnungsmäßigen Rechnungsabschluss vorführte. In einer 1548 abgeschlossenen »Handelspraktik« fasste er für seine Kollegen in der Firma verschiedene Münz-, Maß- und Gewichtsverhält-

nisse, Frachtkosten und Zahlungsverkehr der wichtigsten europäischen Handelszentren zusammen.
Das meiste Aufsehen in der Nachwelt erregte aber sein sogenanntes »Kostüm- oder Trachtenbuch«, in dem er sich in 137 Porträtminiaturen in unterschiedlichen Gewändern abbilden ließ. Begonnen 1519 und über vier Jahrzehnte hinweg geführt, zeigt das farbig illustrierte Buch sein Reifen vom jungen Mann zum Senior anhand der Kleidung, die er zu jeweils unterschiedlichen Anlässen trug: zu Fasnachten, Reichstagen und Hochzeiten, zu Jagden und Schlittenfahrten. Wie es sich für den Mitarbeiter einer im Textilhandel groß gewordenen Firma ziemte, trug er nur Stoffe allererster Güte – Seide, Damast und Taft –, die er in seinen selbst verfassten Kommentaren genau erläuterte. Er gab damit nicht nur einen Überblick über den Wandel der Moden in der Zeit, sondern machte über die Kleiderfrage hinaus sein Werk deutbar als Allegorie auf die Vergänglichkeit des Lebens.
Schwarz machte im Dienst der Fugger Karriere: Als wohlhabender Mann konnte er sich nicht nur exquisite Kleidung, sondern auch ein Haus am Augsburger Obstmarkt leisten und als Kunstmäzen auftreten. Um 1522 gab er beim Augsburger Maler Narziß Renner einen »Geschlechtertanz« in Auftrag, der die Elite der Stadt, darunter seinen Chef Jakob Fugger, bei dem bedeutenden Tanzereignis zeigt. Von sich selbst ließ er mehrere eigenständige Porträtbilder anfertigen. Stolz und vornehme Zurückhaltung sprechen aus seinem Gesicht, als er dem Maler Christoph Amberger 1542 Porträt sitzt – ein gereifter, erfolgreicher Mann.
Dem Unternehmen blieb er über den Tod Jakob Fuggers hinaus treu. Auch unter Anton Fugger versah er das Amt des Hauptbuchhalters. 1541 gelang ihm zu seiner großen Freude auch der letzte Schritt in der sozialen Hierarchie: Er wurde zusammen mit seinen Brüdern vom Kaiser in den Adelsstand erhoben. Matthäus Schwarz starb 1574 in seiner Heimatstadt.

Jakob Fugger im Gespräch mit seinem Hauptbuchhalter Matthäus Schwarz: Diese berühmte Darstellung der »Goldenen Schreibstube« findet sich im reich illustrierten »Trachtenbuch« des wohlhabenden Fugger-Angestellten. Schwarz dokumentierte darin mit Hilfe der Mode seine diversen Lebensphasen und seine soziale Stellung. – Gemälde von Narziß Renner, 1517.

Die unternehmungslustigen Welser übernahmen gar den Löwenbetrag von 20.000 Dukaten.

Mehr als die möglichen Gewinne aus dem Gewürzhandel interessierte Jakob Fugger der Export seines Kupfers und Silbers. Zwar eröffnete er in Lissabon eine Faktorei und nahm Kontakt zum portugiesischen Hof auf, doch mehr auf der Suche nach neuen Absatzmärkten für seine Metalle als nach

Säcken voller Pfeffer und Muskat. Nichts unterstreicht seine Absicht deutlicher als die Episode, die sich 1515 in Augsburg in seiner Goldenen Schreibstube abspielte: Der Vertreter des Königs von Portugal, Tomé Lopes, machte seine Honneurs beim »Kupferkönig«, um ihm eine riesige Menge des begehrten Rohstoffs abzuschwatzen. Jakob aber weigerte sich, die angebotenen Pfeffermengen abzunehmen, von denen er nicht wusste, ob sie überhaupt ankommen würden. Da er als einziger in der Lage war, die gewünschten Erzmengen nach Antwerpen zu bringen, sah er sich dazu berechtigt, solide Sicherheiten fordern zu können. Pfeffer war ihm da nicht genug. Unverrichteter Dinge zog Lopes von dannen. Erst Jahre später, 1521, gelang der Abschluss eines Kupferliefervertrags mit Portugal, der eine dreijährige Laufzeit hatte.

Sein solider Geschäftssinn bewahrte Fugger vor Verlusten. Bereits 1506, im Jahr der Rückkehr der Almeida-Flotte, beschlagnahmte der portugiesische König aus Furcht vor einem Preisverfall die gesamten Pfefferladungen, die er erst nach hartnäckig ausgetragenen Rechtsstreitigkeiten wieder frei gab. Der gesamte Indienhandel wurde schließlich zum Monopol der portugiesischen Krone erklärt und die direkte Beteiligung ausländischer Kaufleute ausgeschlossen.

So kauften die Fugger ihre Gewürze, wenn diese auf dem Markt waren, fortan in Antwerpen, ohne sich darum zu bemühen, selbst in die Erzeugerländer zu fahren. Ihre dominante Stellung im Kupfer- und Silberhandel sicherte ihnen das Geschäft ohne weitere Risiken, denn etwa zwei Drittel der geförderten süd- und mitteldeutschen Kupfer- und Silbermenge flossen nach Portugal und damit in die Überseegebiete ab. Die jährlichen Gewinne beliefen sich für die Firma zwischen 1511 und 1526 auf schätzungsweise 54,5 Prozent; damit konnte selbst ein Jakob Fugger zufrieden sein.

Fugger wagte sich nur noch einmal aufs Wasser: Im Frühjahr 1523 beteiligte er sich auf Wunsch Kaiser Karls V. an der Organisation einer Molukken-Fahrt unter Führung Kapitän García Jofre de Loaysas und brachte dazu einen Betrag von 10.000 Gulden auf, zu dem er knapp die Hälfte selbst beisteu-

Der Welserfaktor Balthasar Sprenger gab nach seiner abenteuerlichen Fahrt nach Afrika und Indien einen spannenden Reisebericht heraus. Anhand der kolorierten Holzschnitte, zu denen u. a. Hans Burgkmair d. Ä. die Vorlagen lieferte, konnte sich das Lesepublikum aus erster Hand über exotisch ferne Länder informieren. – Kolorierter Holzschnitt, 1509.

erte. Doch Fugger behielt mit seiner Skepsis Recht: Die Expedition, die erst in seinem Todesjahr von La Coruna (A Coruña) aus in See stach, scheiterte gründlich und keines der ausgelaufenen Schiffe kehrte je nach Europa zurück – ein Verlustgeschäft, das der Firmenherr aber nicht mehr erlebte.

Die Welser in Übersee

Das Augsburger Handelshaus der Welser, das überwiegend im Textil- und Gewürzhandel aktiv war, zeigte größeres Interesse als die Fugger an einem Engagement in Übersee, wo die wertvollen Gewürzpflanzen wuchsen. Sie schickten 1505 einen eigenen Vertreter auf Almeidas Expedition mit, Balthasar Sprenger, der später einen viel beachteten und bebilderten Reisebericht darüber veröffentlichte: »DJe Merfart vnd erfarung nüwer Schiffung vnd Wege zuo viln onerkanten Jnseln vnd Künigreichen (...) // Auch wunderbarliche Streyt/ordenung // leben wesen handlung vnd wunderwercke //des volcks vnd Thyrer dar inn wonende // findestu in diessem buchlyn warhaftiglich beschryben vnd abkunterfeyt (...)«. Es ist der erste ausführliche Bericht über eine Indienreise in deutscher Sprache und bis heute eine der wichtigsten Quellen für die Zeit der frühen Handelsreisen. Illustriert mit einer Reihe von Holzschnitten nach Vorlage des bekannten Augsburger Künstlers Hans Burgkmair d. Ä., sorgte er bei seiner Veröffentlichung im Druck 1509 für entsprechende Furore. Sprenger beschreibt nicht nur den Verlauf der gefahrvollen Seefahrt an sich, sondern schildert in einfachen und anschaulichen Worten seine Eindrücke von Land und Leuten. So berichtet er über Aussehen, Kleidung und Gewohnheiten der Menschen an der afrikanischen und südwestindischen Küste, gibt Kunde vom kriegerischen Aufeinanderprallen der Einheimischen mit den Portugiesen, erzählt von geografischen und klimatischen Besonderheiten. Großes Interesse bringt er verständlicherweise dem Hauptgrund seiner Reise entgegen: den Gewürzpflanzen. So beschreibt Sprenger ausführlich das Aussehen des Pfeffers als »schöne() grüne()« Frucht »gleich einer Weintraube« sowie das Verfahren der Ernte und Verarbeitung. Die Leserschaft bekam dadurch einen faszinierenden Einblick in eine exotisch-fremde Welt.

Die Welser beteiligten sich nach diesem Abenteuer, das durch die restriktive Handelspolitik Manuels I. von Portugal zunächst einen Rückschlag erhielt, auch weiterhin an Asienfahrten. Über ihre Faktorei in Lissabon lief der Handel mit marokkanischem Safran, Elfenbein, Baumwolle, Feigen, Öl und Wein nach Norden. Als allmählich das neu entdeckte Amerika immer stärker in den Fokus europäischer Kaufleute geriet, eröffneten die Welser eine eigene Vertretung auf Madeira und stiegen in den Handel und die Produktion von Zucker ein, wofür sie eigene Plantagen auf La Palma, Madeira und Hispaniola (Haiti) einrichteten.
Den Höhepunkt ihrer Übersee-Ambitionen visierte der Chef des Hauses, Bartholomäus Welser, 1528 an, als ihm von Kaiser Karl V. der Auftrag zur Kolonisierung der südamerikanischen Provinz Venezuela übertragen wurde. Dazu erhielt er das Privileg, 4000 Sklaven aus Afrika in die neue Welt einzuführen. Der Transport der »menschlichen Ware« erfolgte auf portugiesischen Schiffen.
Das riskante Unternehmen in Übersee wurde mit großem Elan angegangen. An der südamerikanischen Nordküste entstanden die Kolonien Coro und Maracaibo; das Landesinnere wurde durch verlustreiche Expeditionen, die selbst einen Welser-Sohn das Leben kosteten, erforscht. Doch als angehende Kolonialmacht scheiterten die Welser auf ganzer Linie: Zu unwegsam, zu unerforscht, zu riesengroß war das wilde Land. Die Konquistadoren, die im Auftrag der Welser unterwegs waren, fanden weder Gold noch Silber noch zum Ackerbau geeignetes Land oder irgendeine andere wirtschaftlich nutzbare Handelsware. Nicht einmal genügend Kolonisten aus der Heimat ließen sich auf das Abenteuer ein. So endete das Venezuela-Investment als Verlustgeschäft. Ebenso mussten die Zuckerplantagen auf Madeira, La Palma und Hispaniola nach und nach aufgegeben werden.

5 Bankier und Kreditgeber: Ein Geschäftsfeld mit Risiken

DAS HAUS HABSBURG

Der König und der Kaufmann: Auf den ersten Blick war es ein ungleiches Gespann, das der hochadlige Maximilian und der bürgerliche Jakob Fugger abgaben. Doch die beiden gleichaltrigen Männer, deren Geburten nur gut zwei Wochen auseinanderlagen, scheinen sich trotz aller Standesunterschiede gut verstanden zu haben. Zumindest waren sie so stark aufeinander angewiesen, dass keiner ohne den anderen auskam. Seit den Tagen, als Ulrich Fugger den jungen Maximilian für seine Fahrt nach Burgund mit Kleidung versorgt hatte (1473), war die Beziehung zwischen dem Augsburger Handelshaus und dem finanziell stets unterversorgten Habsburger gewachsen. Nachdem der hochverschuldete Tiroler Erzherzog Sigismund 1490 auf Druck der Landstände der Herrschaft zugunsten Maximilians entsagt hatte, ging die Kreditvergabe an den neuen Landesherrn ungebrochen weiter.

Maximilian war als Sohn Kaiser Friedrichs III. und Eleonores von Portugal am 22. März 1459 auf der Burg Wiener Neustadt zur Welt gekommen und wuchs trotz seiner hohen Abkunft in vergleichsweise prekären Verhältnissen auf. Sein Vater kämpfte gegen die Opposition in der eigenen Familie genauso wie gegen die Stände im Reich, die Türken und Ungarn im Osten, die Schweizer im Süden und die Franzosen im Westen. Die zahllosen Kriege verschlangen Unsummen an Geld. Maximilian, 1486 in Aachen zum römisch-deutschen König gekrönt, seit dem Tod seines Vaters 1493 offiziell Herrscher und 1508 in Trient zum Kaiser ausgerufen, spürte den Mangel an Geld von frühester Jugend an. Umso erbitterter kämpfte er um das Erbe seiner Gattin Maria von Burgund, die, jung gestorben, zwei Kinder und mit ihnen die reichen burgundischen Länder, darunter Teile der Niederlande, hinterlassen hatte. Der Konflikt mit dem französischen König, der Burgund für sich selbst reklamierte, führte zu ermüdenden und die Finanzen erschöpfenden Kriegen. Zuletzt wurden die Kämpfe auch in und um Italien geführt. Maximilian brauchte Geld – für Söldner, Hofhaltung, Gesandtschaften, politische Eheschließungen, Repräsentation, kurz: einfach für alles. Die Fugger streckten es ihm vor.

Schon 1491 bewilligten ihm die Brüder ein Darlehen über 120.000 Gulden, 1492 schossen sie ihm monatlich 10.000 Gulden vor, 1494 gewährten sie ihm drei Kredite über insgesamt 80.000 Gulden nebst monatlichen Zahlungen von 6600 Gulden. 1495 zahlten sie ihm weitere Vorschüsse von über 100.000 Gulden. Obwohl Maximilian sich auch bei anderen Augsburger Bankiers wie den Häusern der Welser, Gossembrot, Höchstetter, Adler oder Herwart bediente, lieferten ihm die Fugger doch kontinuierlich die größten Brocken. Von dem satten Schuldenbetrag über 350.000 Gulden, die Maximilian in seinem Todesjahr 1519 hinterließ, entfiel über die Hälfte auf Jakob Fugger.

Häufig ging der Firmenherr an die Grenzen seiner Möglichkeiten. Er verhandelte hart um Sicherheiten im Silber- und Kupfergeschäft, wimmelte hin und wieder auch Forderungen ab – wie im Sommer 1499 nach dem verlorenen Schweizer Krieg. Wenn nötig, wies er darauf hin, dass die Pläne des Kaisers »ihm als einem Kaufmann nicht füglich« erschienen, und zog bei allzu fantastischen Plänen Maximilians, der 1511 während einer lebensgefährlichen Erkrankung Papst Julius II. erwog, sich selbst zum Papst wählen zu lassen, die Notbremse: Er zögerte die dafür nötigen Kreditverhandlungen einfach so lange hinaus, bis der Papst wieder genesen war. Fuggers Selbstbewusstsein stieg mit den Jahren. »Es ist allgemein bekannt und liegt offen zutage, dass Eure Kaiserliche Majestät die römische Krone ohne mich nicht erlangt hätte«, hielt er Maximilians Enkel Karl V. vor, dessen Königswahl er 1519 ganz überwiegend finanziert hatte.

Dennoch war er stets zur Stelle, wenn die hohe Herrschaft ihn brauchte: Er besorgte wertvolle Stoffe aus Brokat, Damast und Seide, schaffte Pelze und Juwelen heran, beglich Schneider-, Harnischmacher- und Gastwirtrechnungen. Er unterstützte im Vorfeld der zweiten Vermählung Maximilians mit Bianca Maria Sforza, Nichte des Mailänder Herzogs Lodovico Sforza, genannt il Moro, die Hochzeitsvorbereitungen mit Geld, besorgte kostbaren Samt, mit Gold bestickte Pferdedecken und Kutschen zur Ausstattung des Gefolges und kümmerte sich um den Transfer der reichen Mitgift der Braut über die Mailänder Faktorei in die königlichen Schatullen. Als 1515 in Wien die Doppelhochzeit zwischen Maximilians noch im Kindesalter stehenden Enkelkindern Maria und Ferdinand I. mit den Erben der Jagiellonendynastie, Ludwig II. und Anna von Ungarn, anstand, sprang Jakob wiederum in die Bresche und gewährte dem bereits tief bei ihm in der Kreide stehenden Monarchen nochmals einen großzügigen Kredit über 54.000 Gulden. Dies war nicht völlig selbstlos, denn die habsburgisch-ungarische Verbindung konnte seinen eigenen slowakischen Bergwerksbesitz schützen helfen. Mit Truhen voller Edelsteinen, Perlen und Kleinodien reiste Fugger persönlich nach Wien, um die Heiratsverhandlungen durch Geschenke an die maßgeblichen Teilnehmer des Fürstentages zu beeinflussen. Die Handelsregister führen die vielen goldenen Rubinringe, Perlenhalsbänder, Ketten und kostbaren Pelze im Wert von knapp 10.000 Gulden auf, die zu dieser Gelegenheit an Bischöfe, Prinzessinnen, Herzöge und andere hohe Herren verteilt wurden. Im Gegenzug bekam Fugger Tiroler Erzminen übertragen und sicherte sich den Schutz seines ungarischen Handels. Zum Dank für seine Hilfe durfte er im Anschluss hoch zu Ross mitten unter den Hofwürdenträgern an den prunkvollen Feierlichkeiten von Wien teilnehmen.

Zu den weiteren herausragenden Freundschaftsdiensten Jakobs zählte daneben der Verkauf eines besonders kostbaren Juwels an Maximilian, des sogenannten »Federlins«. Dieses prächtige Kleinod aus dem Besitz des Burgunderherzogs Karl dem Kühnen hatte Fugger zusammen mit drei weiteren wertvollen Stücken 1505 von der Stadt Basel erworben: Der Herzog hatte 1476 bei Grandson am Neuenburgersee neben der Schlacht auch seine Pretiosen an die Eidgenossen verloren. Beim »Federlin« handelte es sich um einen Hutschmuck in

Die Augsburger Oberschicht veranstaltete zu besonderen Anlässen wie Reichstagen, Hochzeiten oder fürstlichen Empfängen exklusive Tanzvergnügungen wie den hier gezeigten Geschlechtertanz. Modisch tadellos eingekleidet, schritten die Paare zum Reigentanz. Auch Kaiser Maximilian nahm zuweilen an den Feierlichkeiten teil. – Ölbild von Abraham Schelhas, 1591.

Form einer stilisierten Feder als Halterung für Zierfedern. Fünf blassrote Rubine bis zu 50 Karat, vier schwarz unterlegte Diamanten bis zu sechs Karat und 73 Perlen schmückten das erlesene Kunststück, das zusammen mit anderen sagenhaften Kostbarkeiten wie den »Drei Brüdern«, einem von drei außergewöhnlich großen Rubinen umgebenen Diamanten von 30 Karat, dem »Gürtelein«, einem juwelenverbrämten Abzeichen des englischen Hosenbandordens, und der »Weißen Rose«, Wappenbild des Hauses York, in den Schatztruhen Jakob Fuggers schlummerte. Er hatte für den Erwerb die enorme Summe von 40.200 Gulden aufgebracht. Maximilian, dem alles, was einst seinem burgundischen Schwiegervater gehört

hatte, am Herzen lag, erhielt das »Federlin« im Jahr 1515 für einen relativ niedrigen Preis. Jakob verzichtete auf nennenswerten Gewinn, weil er die Juwelen nicht nur als Wertanlage und Spekulationsobjekt sah, sondern auch als Mittel zur Beförderung guter Beziehungen.

Die Dankbarkeit Maximilians war ihm sicher. Der Monarch wusste, was er an Jakob hatte. »Ohne dieselben wissen Wir solchen Zug nicht zu tun oder keineswegs zu verbringen«, bekannte er immer wieder im Bewusstsein seiner Abhängigkeit von Fuggers Geldsegen. Trotz seiner immensen Überschuldung schien der Monarch, dem man ein freundliches Wesen nachsagte, darüber niemandem gram zu sein. Gern und oft kehrte er in Augsburg ein, besonders auch im Haus seines wichtigsten Bankiers, Jakob Fugger, der ihn großzügig bewirtete. 17-mal weilte der König und Kaiser in der Reichsstadt – und das mitunter wochenlang. Der französische König bezeichnete ihn deshalb schon spöttisch als »Bürgermeister von Augsburg«. Der Habsburger kaufte sich ein Haus nahe der Heilig-Kreuz-Kirche und ließ sich vom Rat der Stadt einen eigenen Zugang in die Befestigungsmauer brechen, um jederzeit auch spätnachts heimkommen zu können, den »alten Einlass«. Teile der vor den Toren der Stadt gelegenen Wellenburg nannte er sein Eigen.

Berührungsängste mit dem Bürgertum kannte Maximilian nicht. Gerne nahm er an den Feierlichkeiten der Stadt, den Geschlechtertänzen, teil, flirtete mit Patriziertöchtern und richtete Turniere oder Armbrust- und Ringelschießen aus, wobei er Siegpreise gerne mal den Bürgerlichen überließ. Er wolle ein »Burger Augsburgs bleiben«, bekundete er gegenüber dem Rat. Die Kapazitäten der Kunst- und Gelehrtenstadt nutzte Maximilian auch, um seine großen Gedächtniswerke in Druck zu geben. Der bedeutende Humanist und Stadtschreiber Konrad Peutinger, Schwiegersohn Anton Welsers, beriet ihn dazu. Er führte die Aufsicht über die Drucklegung des autobiografischen Heldenromans »Theuerdank«, zu dem viele Augsburger Künstler die Holzschnitte geliefert hatten, und lieferte Maximilian zudem als ausgebildeter Jurist immer wieder Rechtsgutachten für das »Tagesgeschäft«.

Die enge Beziehung Maximilians zu Augsburg wäre ohne Jakob Fugger, der dem Kaiser auch für seine Repräsentationswerke Geld lieh, nicht denkbar gewesen. Über seinen treuen Bankier hielt seine Majestät denn auch stets ihre schützende Hand. Maximilian förderte seine Geschäfte und gewährte ihm gnädig Standeserhöhungen. So ernannte er ihn zum Kaiserlichen Rat, erhob ihn in den Adelsstand, verlieh ihm Herrschaften und Privilegien. Mehr konnte ein Monarch mit leeren Taschen für einen treuen Diener nicht tun.

DEN PÄPSTEN ZU DIENSTEN

Die Beziehungen des Hauses Fugger zur Kurie in Rom reichten bereits in die 1470er-Jahre zurück, als Jakobs älterer Bruder Markus eine Stelle als Schreiber in der päpstlichen Registratur angetreten und vorteilhafte Kontakte zu hohen Geistlichen geknüpft hatte, die auch nach seinem frühen Tod nicht zum

Am Rande des Ruins: Die Affäre Meckau

Das Aufbringen hoher Kreditsummen für die fürstliche Kundschaft stellte selbst florierende Handelshäuser vor Probleme. Da sie nicht den gesamten Betrag aus Eigenkapital aufbringen konnten, nahmen sie häufig Einlagen – so genannte Depositen – von Familienmitgliedern, Freunden oder hochrangigen Kunden an. Diese Praxis wäre Jakob Fugger im Jahr 1509 um ein Haar zum Verhängnis geworden, als ein unvorhergesehener Todesfall ihn an den Rand des Ruins brachte: Der stille Teilhaber hieß Melchior von Meckau, war seit 1488 Fürstbischof von Brixen, zugleich Leiter der Tiroler Finanzverwaltung und einer der reichsten Männer seiner Zeit. Vermutlich lernten sich Fugger und Meckau über den Gasteiner Gold- und Silberbergbau kennen, da auch der Fürstbischof von Brixen das lukrative Geschäft mit den Edelmetallen für sich entdeckt und in eine Vielzahl von Gruben investiert hatte. Der aus einem Meißener Adelsgeschlecht stammende Kirchenmann, der in Leipzig, Bologna und Padua studiert hatte und seit 1503 den Kardinalshut trug, pflegte überdies ein enges Vertrauensverhältnis zu Kaiser Maximilian, für den er zahlreiche diplomatische Aufträge erledigte und für dessen Geldbeschaffung er zuständig war. Eine enge Zusammenarbeit mit den Fuggern ergab sich daher von selbst. Ab 1496 ging Meckau dazu über, Kredite und Bürgschaften, die er der Tiroler Kammer gegeben hatte, in verzinsbare Depositen bei der Fugger-Firma umzuwandeln. Wegen des kirchlichen Zinsverbots musste er strengste Geheimhaltung wahren. Er legte erst 20.000 Gulden ein, dann immer mehr, bis sich schließlich der hohe Betrag von 150.000 Gulden aufgetürmt hatte. Das entsprach ungefähr drei Vierteln des gesamten Gesellschaftskapitals der Fugger.

Niemanden hätte das gestört, wenn nicht der Fürstbischof 1509 im Alter von 69 Jahren unversehens in Rom gestorben wäre. Die Schuldscheine, die angeblich bei seinem Tod aus den Ärmeln seines Gewandes purzelten, deckten schlagartig die Verbindung zu den Fuggern auf. Jetzt begann der Ärger: Das Bistum Brixen forderte sein entwendetes Vermögen zurück; Papst Julius II. hob das Testament des verblichenen Kardinals auf und stellte im Namen der römischen Kurie eigene Ansprüche; die deutsche Nationalkirche in Rom, Santa Maria dell' Anima, forderte auf Grund von Meckaus Testament ebenfalls ein Stück vom großen Kuchen. Jakob geriet in existentielle Nöte, musste sogar zugeben, dass er »jählings nicht bei Gelde« sei: Hätte er das Kapital auf einen Schlag zurückgeben müssen, wäre er insolvent gewesen.

Doch dank der Fürsprache seines Mentors, Kaiser Maximilians, überstand er die Krise unbeschadet. Maximilian intervenierte sowohl in Tirol als auch gegenüber dem Papst zugunsten seines Bankiers und erwirkte nach jahrelangen Querelen eine gütliche Einigung. Er selbst übernahm die Ansprüche der Kurie und ließ sich diese von Fugger mit Tuchen statt in Gulden ausbezahlen. So konnte ein größeres Drama abgewendet werden. Doch der Firmenherr, der beinahe das Schicksal seines Verwandten Lukas aus der Linie der Fugger vom Reh geteilt hätte, hatte seine Lektion gelernt. Niemals wieder nahm er so hohes Fremdkapital in seiner Firma auf.

Erliegen gekommen waren. Der erste Geldtransfer für die Kirche ist für das Jahr 1476 überliefert, als die Fugger Gelder aus Skandinavien nach Rom überwiesen. Da bei jeder Neubesetzung einer kirchlichen Pfründe, eines Bischofs- oder Abtsamtes, Abgaben und Gebühren, so genannte Annaten und Servitien, fällig wurden, gab es auf diesem Geschäftsfeld recht viel zu tun. Kreuzzugzehnte, Ablassgelder und Peterspfennige ergänzten die Einnahmen, von denen die römische Zentrale lebte und ihre Politik finanzierte. Obwohl die Transaktionen zunächst in den Händen italienischer Bankiers wie der Medici in Florenz und vieler anderer lagen, gelang es den

Fuggern, über ihr gut ausgebautes Faktoreisystem in dieses Marktsegment vorzudringen. Bereits 1496/97 überwiesen sie Gelder in Höhe von über 7000 Gulden aus fünf Bistümern, nämlich Bremen, Münster, Osnabrück, Samland in Ostpreußen und Utrecht. Innerhalb weniger Jahre dehnten sie ihre diesbezüglichen Aktivitäten auf Schweden, Dänemark, Polen und Ungarn aus. Für Überweisungen aus den Bistümern nördlich der Alpen nahmen die Fugger bald eine führende Stellung ein, und Rom zeigte sich hocherfreut, wenn rares Bares zuverlässig aus Glasgow, Krakau oder Gran eintraf.

Über diesen Zahlungsverkehr wuchsen die Fugger kurz nach 1500 in die Rolle der Kreditgeber hinein, da sie der Kurie Vorschüsse auf die zu erwartenden Einnahmen bezahlten. Der römische Faktor der Fugger, Johann Zink, zeigte sich diesbezüglich sehr agil, wobei er nicht vergaß, auch an sich selbst zu denken: Da er selbst dem Klerikerstand angehörte, reservierte er für sich selbst 32 Pfründen in deutschen Bistümern, ohne jemals vor Ort gewesen zu sein, und sonnte sich im Glanz kurialer Ehrenämter. Er trieb das Geldgeschäft mit dem Heiligen Stuhl kräftig voran, zahlte nicht nur die angewiesenen Gelder aus, sondern vermittelte auch Kupfer- und Zinnlieferungen für den Kirchenstaat sowie immer wieder Kredite. Mit einem dieser Darlehen wurden 1506 Söldner aus der Schweiz als Leibgarde für Papst Julius II. angeworben – bis heute existiert die Schweizergarde als Sicherheitsdienst für den Vatikan. Die Päpste dankten den Fuggern das Engagement, indem sie ihnen rund drei Jahre später gegen den heftigen Widerstand Florentiner Bankiers die päpstliche Münze, die Zecca, auf 15 Jahre verpachteten. Die römische Münzprägestätte lag praktischerweise gleich in der Nähe der Fugger-Faktorei in der Via del Banco di Santo Spirito. Seitdem prangte auf nicht wenigen römischen Münzen neben dem päpstlichen Wappen das Handelszeichen der Fugger, der Dreizack mit Ring. Insgesamt 66 Münzprägungen sind bis 1524 bekannt. Der berühmte Mailänder Goldschmied, Stempelschneider und Medailleur Cristoforo Caradossa lieferte dazu wohl die Entwürfe. Die Pacht wurde 1515 von Papst

Leo X. zunächst gekündigt, in den Jahren 1518 bis 1521 jedoch noch einmal erneuert. Bei seinem Tod war Leo so hoch verschuldet, dass sein Nachfolger Hadrian VI. Jakob Fugger nochmals die Münzprägung auf 15 Jahre verlieh. Erst Clemens VII. hob das Privileg 1524 endgültig auf.

Die Geschäfte mit der Kurie nahmen sich nicht viel anders als bei anderen Kunden aus. Gemessen an den Gewinnspannen aus dem Montangeschäft, fielen sie nicht einmal besonders hoch aus. Und dennoch bargen sie ein unkalkulierbares, weil theologisch brisantes Konfliktpotential. Zum Stein des Anstoßes wurde der Ablasshandel. Päpstlich bewilligte und ausgerufene Ablässe versprachen den Gläubigen einen Nachlass ihrer Sündenstrafen im Fegefeuer, wenn sie im Gegenzug für einen gute Sache spendeten; das konnten karitative Einrichtungen wie Spitäler und Siechenhäuser sein, Neubauten und Erneuerungen von Kirchen, Kreuzzugsprojekte ins Heilige Land oder Feldzüge zur Türkenabwehr. Wer einen Ablassbrief erwarb, durfte sich jedenfalls sicher sein, etwas Gutes für sich oder seine Verstorbenen getan zu haben. Die kommerziellen Interessen der Kurie trafen hierbei auf das überbordende Bedürfnis der Gläubigen nach Erlösung. Die Ablassbriefe fanden reißenden Absatz.

Jakob Fugger – protegiert von Maximilian I., der in Rom bereits 1501 darauf bestanden hatte, die Fugger mit der Organisation des Ablasses zu betrauen – sorgte in bewährter Manier für den Transfer der Gelder und erhielt dafür eine Aufwandsentschädigung von ein bis drei Prozent der Summen. Der Finanzbedarf der Kurie schoss aber erst richtig durch die Decke, als Papst Julius II. daran dachte, die Peterskirche in Rom neu und in grandiosen Dimensionen zu erbauen. Sein Architekt Bramante leitete die Neubauarbeiten anstelle der alten, baufällig gewordenen konstantinischen Basilika ein und plante diese in Ausmaßen, die aus der neuen Peterskirche das größte Gotteshaus der Christenheit machten. 1507 rief Papst Julius II. einen ersten Ablass zur Finanzierung des Riesenbaus aus; sein Nachfolger, Papst Leo X., tat es im Jahr 1514 gleich. Der Augsburger Firmenchef war wiederum ganz selbstverständlich mit von der Partie, ohne zu ahnen, welche Kritik sich daran festmachen würde. Der Wittenberger Augustinermönch und Theologieprofessor Martin Luther zeigte sich von der inzwischen gängigen kirchlichen Praxis »Geld gegen Seelenheil« zutiefst irritiert und startete mit seinen 1517 in Wittenberg veröffentlichen Thesen einen Generalangriff auf die Kirche und ihre Mittlerrolle zwischen Gott und der Welt. Unmittelbaren Anlass dazu gaben die aggressiven Predigten des Dominikaners Johann Tetzel, der durch Deutschland reiste und mit sehr vereinfachenden Vergleichen seine Zuhörer zum Kauf von Ablassbriefen bewegte. Sie ließen sich in dem Satz »Wenn das Geld im Kasten klingt, die Seele aus dem Feuer springt« zusammenfassen. Dabei diente der von Tetzel beworbene Ablass nicht allein dem Bau der Peterskirche: Zur Hälfte ging er an den jugendlichen Albrecht von Brandenburg, Erzbischof von Mainz und Magdeburg, der durch seine Ämterhäufungen einen hohen Schuldenberg aufgetürmt hatte. Um seine Kredite zu tilgen, die er nicht zuletzt bei den Fuggern aufgenommen hatte, sollte der Hohenzollernspross einen großen Anteil der eingenommenen Ablassgelder bekommen.

Jakob Fugger, der in die theologischen Diskussionen um das Ablasswesen nicht involviert war und nur den Transfer der Gelder übernahm, zeigte lediglich aus Eigennutz ein Interesse am Erfolg der Tetzel-Kampagne. Dennoch geriet er zusammen mit seinen kirchlichen Auftraggebern ins Kreuzfeuer der öffentlichen Kritik. »Da nun der unermessliche Geiz noch nicht genug hat an all diesen Schätzen, daran billig drei mächtige Könige sich begnügten, hebt der Papst nun an, solche seine Händel zu versetzen und dem Fugger von Augsburg zu verkaufen«, ätzte Luther 1520 in seiner Schrift »An den christlichen Adel deutscher Nation« und heizte damit die öffentliche Debatte an.

DIE KÖNIGSWAHL KARLS V.

Im Sommer des Jahres 1518 stand die Stadt Augsburg im Fokus der Reichspolitik. Nach und nach trafen hochrangige geladene Gäste am Lech ein: Kurfürsten, Fürsten, Vertreter der

Die Schweizergarde

Ende Januar 1506 zogen die ersten 150 Schweizergardisten unter Führung ihres Hauptmanns Kaspar von Silenen durch die Porta del Popolo in Rom ein. Am Campo dei Fiori erteilte ihnen Papst Julius II. von seiner Loggia aus den Segen. Der Heilige Vater war froh, sie an seiner Seite zu haben, denn der spanischen Leibwache seines Vorgängers aus dem Hause Borgia misstraute er. Die Schweizer dagegen genossen auf allen Schlachtfelder Europas als mutige und erfahrene Söldner einen exzellenten Ruf. Ihren langen Stangenwaffen widerstanden nicht einmal Ritterheere. Daher hatte Julius II. den Sohn des Luzerner Schultheißen, Peter von Hertenstein, gebeten, ihm eine solch bewährte Truppe als Leib- und Palastwache zu schicken. Ulrich und Jakob Fugger liehen ihm über ihre Mailänder Faktorei das Geld dazu. Nur mit Hilfe ihres Vorschusses war es möglich, auf dem leer gefegten Söldnermarkt überhaupt noch Soldaten zu finden. Statt der anvisierten 200 Mann kamen nur 150 eidgenössische Reisläufer zusammen. Diese mussten, an allen Kriegsschauplätzen vorbei, rasch durch Oberitalien nach Rom geführt und besoldet werden. Wiederum war die Faktorei in Mailand hilfreich zur Stelle und sorgte für die erste Soldzahlung. Auch für die Entlohnung der Schweizer in den ersten Monaten in Rom zeichneten die Fugger verantwortlich. Für die Jahre 1505 und 1506 lagen ihre Ausgaben für die Garde bei 7350 Gulden.

Das Geld war indes gut angelegt. 1527 stürmten mehr als 20.000 ausgehungerte deutsche und spanische Söldner Kaiser Karls V. Rom – der berüchtigte Sacco di Roma – und richteten ein Blutbad unter der Bevölkerung an. In der Stunde der Not bewährten sich die Schweizergardisten: Gegen die gewaltige Übermacht schützten sie mit Leib und Leben den Apostolischen Palast und ermöglichten Papst Clemens VII. die Flucht zur Engelsburg. Der Großteil der Schweizergarde erlag dem

Gemetzel auf dem Petersplatz; nicht einmal vor dem Hauptaltar der Peterskirche fanden sie mehr Schutz. Nur 42 von ihnen überlebten mit dem Papst als Schutzwache in der Engelsburg.

In den folgenden Tagen wurde Rom so schrecklich geplündert und gebrandschatzt, dass schätzungsweise 12.000 Menschen in diesem Inferno ihr Leben verloren und der Glanz der Stadt für viele Jahrzehnte erlosch. Clemens VII. musste nach dem Drama den Rest seiner Garde entlassen und die Engelsburg an eine spanische Besatzung übergeben.

Erst 1548 warb Papst Paul III. eine neue eidgenössische Garde an. Noch heute schützen 135 Schweizergardisten in fantasievollen blau-gelben Uniformen den Papst und wachen über seine Sicherheit. Vereidigt werden sie jeweils am Jahrestag des Sacco di Roma, dem 6. Mai.

Reichsstädte, der päpstliche Legat Thomas Cajetan sowie Gesandte und Botschafter. Sie alle kamen, um zusammen mit Kaiser Maximilian persönlich auf dem angesetzten Reichstag die wichtigsten politischen Angelegenheiten zu besprechen. Auf der Tagesordnung stand unter anderem die besonders brisante Frage der Nachfolge im Königtum. Würde noch einmal ein Habsburger das Rennen um die römisch-deutsche Königskrone machen oder sich das kurfürstliche Wahlgremium für einen der beiden ausländischen Monarchen entscheiden, die ihren Hut in den Ring geworfen hatten? Der französische König Franz I. und der englische König Heinrich VIII. hatten beide ihr Interesse an der Krone bekundet. Für die habsburgische Seite stand der Enkel Maximilians, der spanische König Karl I., zur Verfügung.

Da das Reich eine Wahl- und keine Erbmonarchie war, ließ sich der Ausgang einer Königswahl von jeher schlecht vorhersagen. Dem Wahlvorgang voraus gingen stets langwierige Verhandlungsrunden, in denen die Kurfürsten von einem der Kandidaten überzeugt werden mussten. Für die politische Unterstützung des neuen Monarchen erwarteten sie in der

Regel eine Gegenleistung – gerne in Form von Geld oder reichen Geschenken. Macht und Einfluss einer Königsdynastie erwiesen sich nicht zuletzt in ihrer Fähigkeit zur Repräsentation. Zu den Aufgaben eines Königs zählten standesgemäßes Auftreten und die großzügige Entlohnung der Gefolgschaft für ihre Treue. So war der Wettlauf um die Krone immer auch ein Kräftemessen um das ökonomische Potenzial der jeweiligen Kandidaten, auch wenn man einen König und Kaiser nicht einfach »kaufen« konnte, wie ein von Zeitgenossen geäußerter Vorwurf lautete. Die Wahlverhandlungen waren vielmehr eine komplexe Angelegenheit, bei der es nicht allein um die Höhe der Handsalben, sondern um eine Vielzahl politischer Absprachen ging.

So lag eine fiebrige Stimmung über der Stadt, als am 27. Juni Kaiser Maximilian in Augsburg eintraf und mit ihm die Verhandlungen Fahrt aufnahmen. Automatisch geriet auch der Fugger-Palast am Weinmarkt ins Zentrum des Geschehens, denn hier saß der Mann, der mit seiner Finanzmacht die Wahl des Habsburgers beeinflussen konnte. In diesen aufgeregten Wochen, die über die Zukunft des Hauses Habsburg entschieden, war Maximilian ganz auf das Wohlwollen seiner Augsburger Finanziers angewiesen. An sich war Jakob Fugger an einer Fortsetzung des guten (Geschäfts-)Verhältnisses mit den Habsburgern gelegen. Da Maximilian bei ihm hoch verschuldet war, erschien es ihm zweckdienlich, auch dessen Nachfolger und Enkel für die Schuldentilgung zu verpflichten. Doch musste er bei jeder Kreditvergabe die eigenen Bilanzen im Blick behalten.

Der französische König trieb den Preis für den angepeilten Thron geschickt in die Höhe, indem er seine Unterhändler fantastische Summen verbreiten ließ, die er den Kurfürsten zu zahlen bereit wäre. Angeblich lägen 400.000 Gulden griffbereit. In Wahrheit hatte der Monarch Mühe, seine Gelder nach Deutschland zu transferieren. Ebenso geschickt taktierten die im Westen des Reiches beheimateten Kurfürsten von Mainz, Trier und der Pfalz, die aus ihrer Parteinahme für den französischen Kandidaten keinen Hehl machten.

Wochenlang wogten die Gespräche hin und her. Immer höhere Beträge zur Umstimmung der kurfürstlichen »Wackelkandidaten« wurden genannt. Bei Jakob Fugger gaben sich die Unterhändler die Klinke in die Hand, um immer neue Kreditzusagen zu erwirken. Insbesondere Kaiser Maximilian, der nach eigenem Bekunden »keinen Vierer mehr« hatte, musste ein ums andere Mal mit Barem versorgt werden. Den Tiroler Räten, die für die aufgenommenen Summen mit den Einnahmen ihres Landes bürgen mussten, wurde angesichts der genannten Summen schwindelig. Sie fürchteten »merklichen Schaden und Beschwerde« für ihr Land. Doch es half kein Klagen – die Habsburgische Hausmachtpolitik hatte Vorrang.

Namentlich um die Beeinflussung der beiden Hohenzollernbrüder Markgraf Joachim I. Nestor von Brandenburg und Kardinal Albrecht von Mainz – beide stimmberechtigt im Kurkolleg – machte sich der »König der Kaufleute« verdient. Er sprang in die Bresche, als es galt, die beiden Wahlstimmen aus dem französischen Block herauszulösen. Der Mainzer Erzbischof und Primas von Deutschland bekam neben der Zusage von 31.000 Gulden Wahlgeschenk eine stattliche Jahrespension von 10.000 Gulden versprochen. Markgraf Joachim, der sich bei den Verhandlungen geschickt eine spanische Infantin als Schwiegertochter ausbedungen hatte, erhielt Heiratsgut und Schmuck im Wert von 100.000 Gulden in Aussicht – für beides musste Fugger geradestehen.

In den hektischen Verhandlungsrunden der Augusttage gerieten die Gespräche immer wieder ins Stocken. In der Nacht vom 21. auf den 22. August 1518 einigten sich der kaiserliche Schatzmeister Jakob Villinger und Jakob Fugger in einer Marathonsitzung auf die letzten Vertragsdetails im Abkommen mit Markgraf Joachim. Die Zahlungen, abgesichert durch spanische Wechsel, sollten erst fällig werden, wenn der Kurfürst bei der Königswahl für den Habsburger gestimmt hatte. Ermüdet setzte der Firmenchef am Morgen des 22. August seine Unterschrift unter den Vertrag.

Drei Tage später durfte endlich gefeiert werden: Anlass dazu gab die Hochzeit Markgraf Kasimirs von Brandenburg-

Kulmbach, eines weiteren Hohenzollernsprosses, der sich für die Übereinkunft seines Vetters mit dem Kaiser eingesetzt hatte, mit Susanna von Bayern. Es war eine große Ehre für Jakob Fugger, dass die ganze Reichstags-Prominenz nach der Trauung des Hohenzollers mit der Herzogstochter und Kaisernichte im Anschluss an ein prachtvolles Turnier das Festmahl bei ihm zu Hause einnahm. Sein Palais am Weinmarkt wurde zum Mittelpunkt eines höfischen Festes: Die Gesellschaft saß in den geschmückten hohen Räumen an langen Tafeln und genoss die erlesensten Speisen; danach folgten Musik, Tanz und Ball. Der kaiserliche Bankier glänzte trotz des kräftezehrenden Verhandlungsmarathons in seiner Rolle als geschmeidiger Diplomat und vollendeter Gastgeber. Er stand auf dem Gipfel seiner Schaffenskraft – sein Geld und sein persönlicher Einsatz hatten die Königswahl im Reich wesentlich zugunsten der Habsburger beeinflusst.

Dieser Erfolg schlug sich in seiner Selbstdarstellung nieder: Nach den politischen Rankünen saß Fugger dem größten Künstler seiner Zeit, Albrecht Dürer, Porträt, der als Vertreter der Stadt Nürnberg von Juni bis September 1518 auf dem Reichstag zu Augsburg weilte. Zu Dürer hatte sich ein engerer Kontakt über Venedig ergeben. Im Auftrag der deutschen Kaufmannschaft und unter finanzieller Beteiligung der Fugger hatte der aufstrebende Nürnberger Maler dort sein berühmtes Bild »Rosenkranzfest« (1506) für die Kirche San Bartolomeo di Rialto angefertigt. Das großformatige Werk, das die Mitglieder der ersten Rosenkranzbruderschaft, angeführt von Kaiser und Papst, vor der Madonna kniend zeigt, brachte ihm wegen seiner strahlenden Farbkraft hohes Lob in Italien ein, wo man ihn zuvor nur als Graphiker und Zeichner geschätzt, seinen Umgang mit Farben aber kritisiert hatte. Dürers internationaler Durchbruch vollzog sich also vor dem Hintergrund Fuggerscher Patronage. Kurz danach vertraute ihm Jakob Fugger die Gesamtkonzeption der wichtigen Familien-Grabkapelle in der Augsburger Annakirche an und machte damit deutlich, wie sehr er ihn schätzte. So saß 1518 dem inzwischen hoch berühmten Nürnberger Künstler kein Unbekannter gegenüber, sondern ein finanzstarker Auftraggeber und Mäzen.

Dürer hatte in diesen Tagen viel zu tun. Viele hochrangige Teilnehmer nutzten die Gelegenheit des Augsburger Reichstages, um sich von ihm verewigen zu lassen. Der Nürnberger fertigte zahlreiche Zeichnungen an: von Kaiser Maximilian, dem Mainzer Kurfürsten Albrecht von Brandenburg, dem Grafen Philipp von Solms oder Kardinal Matthäus Lang von Wellenburg. Selbstredend nahm er sich ebenso Zeit, Augsburgs berühmtesten Bankier auf Kohle und Papier festzuhalten. Seine meisterliche Handzeichnung wurde zur Vorlage späterer Werkstattausführungen auf Leinwand bzw. Öl auf Holz. Das 69,4 x 53 cm große »Tüchlein«-Porträt (siehe Buchcover) auf ungrundierter Leinwand, das heute in der Staatsgalerie Altdeutscher Meister in Augsburg aufbewahrt wird, zeigt Jakob Fugger so, wie er sich im Gedächtnis der Nachwelt festgesetzt hat: als selbstbewussten Mann in seinen besten Jahren, auf der Höhe seiner Schaffenskraft, mit nüchternem Blick, ohne verdächtigen Prunk, dennoch vornehm gekleidet, mit Pelzkragen um die Schultern und venezianischer Goldhaube als modischem Accessoire auf dem Kopf. Würde und Bedeutung der Person äußern sich in den strengen, charaktervollen Zügen ihres Gesichts und der hohen Denkerstirn. Dieser Mann, der vor unbestimmtem blauem Hintergrund sitzt und dessen Blick in die Ferne schweift, markiert seine Position in der Gesellschaft weder durch Attribute noch durch billigen Protz. Sein Ruf ist ihm genug.

Bis heute ist das Leinwandbild, das vermutlich nur eine erweiterte Vorstudie zu einem noch auszuführendem Hauptbild war, das Jakob-Fugger-Porträt schlechthin geblieben. Es prägt unsere Vorstellung von seinem Aussehen. Aus alten Inventaren weiß man, dass ein lebensgroßes Bildnis von ihm in der »guldenen Kammer« des Fuggerhauses am Weinmarkt hing, auch wenn nicht eindeutig belegbar ist, um welche Endfassung es sich hierbei handelte. Ein der Dürer-Werkstatt zuzurechnendes Ölbild aus dem Besitz der mit den Fuggern verschwägerten Familie Törring (heute Privatbesitz) ist diesbezüglich ein heißer Favorit.

Für Jakobs gestiegenes Selbstwertgefühl zur Zeit des wichtigen Augsburger Reichstags spricht auch, dass er zur Repräsentation auf ein bisher nicht gängiges Medium setzte: Er ließ sich von dem begabten Augsburger Bildschnitzer Hans Schwarz auf Porträtmedaillen verewigen, die damals für Deutschland noch völlig neu waren. In Italien hatte der Maler Antonio Pisanello bereits um 1440 die Medaillenkunst an Fürstenhöfen fest etabliert, doch nördlich der Alpen war diese nahezu unbekannt. Nun wagte sich Schwarz, angeregt durch den überaus gelehrten Augsburger Humanisten, Stadtschreiber und Italienfreund Peutinger sowie dessen Freundeskreis, an die noch ungeübte Arbeit eines Medailleurs. Dabei griff er auf seine Erfahrungen als Bildschnitzer zurück und fertigte nach ersten zeichnerischen Vorstudien Holzmodelle an, die im Anschluss einem Gießer als Gussvorlage übergeben wurden. Diese Vorgehensweise erklärt die große Plastizität der frühen Schwarz-Medaillen, die in hohem Relief angelegt sind. Schon im Vorfeld des Reichstages von 1518 entstand eine erste Bildnismedaille auf den Maler Hans Burgkmaier d. Ä., der mit Peutinger bekannt war und zusammen mit diesem an Kaiser Maximilians graphischen Gedächtniswerken arbeitete. Da diese Münze offenbar auf Wohlgefallen stieß, folgten kurz darauf zwei weitere: die eine mit dem Abbild Konrad Peutingers, die andere mit Jakob Fuggers Porträt.

Gerade Letztere löste durch Nachprägungen, als stolze Neuheit auf dem Reichstag präsentiert, teils an wichtige Persönlichkeiten verschenkt, einen regelrechten Nachfrageboom aus. Schwarz stellte allein 1518/19 ganze 31 Medaillen für prominente Reichstagsteilnehmer her. Unter ihnen befanden sich Herzog Georg von Sachsen, Christoph von Braunschweig, Joachim I. von Brandenburg oder der Trienter Fürstbischof Bernhard von Cles. Danach war die Renaissancemedaillenkunst in Deutschland als Mittel der Repräsentation fest begründet und Schwarz ihr herausragender Meister. An seine Erfolge konnte er wenig später in der Reichsstadt Nürnberg und auf dem Wormser Reichstag von 1520/21 anknüpfen.

Anlässlich des Augsburger Reichstages von 1518 gab Jakob Fugger beim Bildschnitzer Hans Schwarz eine neumodische Porträtmedaille in Auftrag. Das Prägen von solchen Schaumünzen war bislang nur von italienischen Fürstenhöfen bekannt.

Wie ließ sich Jakob Fugger auf seiner großformatigen, 63 mm im Durchschnitt messenden, höchst aufwändig gestalteten Medaille darstellen? Auf der Vorderseite prangt sein nach links gewendetes, plastisch ausgearbeitetes Profilbild mit der obligatorischen venezianischen Haube. Die Umschrift nennt seinen Namen »Iac. Fgger. Augusta[nus]; Vin[delicorum]« sowie das Jahr der Entstehung. Auffallend ist, dass Hals und Büste Jakobs unbekleidet sind, was an römische Imperatorenbildnisse denken lässt. Konrad Peutinger hatte für sein Porträt ebenfalls eine nackte Büste »all'antica« gewählt, die er von römischen Münzen her kannte. Doch während Peutinger sein halblanges Haar offen trägt, verbirgt Fugger das seine unter der Haube. Die Rückseite bringt einen weiteren Bezug zur Antike: Sie zeigt die römischen Götter Merkur und Neptun, denen vom herabschwebenden Apollo Kronen aufgesetzt werden. Die Attribute, die der über wogendem Meer auf einem Delphin stehende Neptun trägt – Schild und Dreizack –, sind als Anspielung auf das Handelszeichen der Fugger zu verstehen und verweisen damit direkt auf Jakob. Der ihm gegenüber auf einer Kugel balancierende Merkur, der im alten Rom als Gott des Handels verehrt wurde, garantiert – wenn auch auf schwankendem Grund – Reichtum und kommerziellen Erfolg. Über allem aber thront, von einer Sonnengloriole umstrahlt, Apoll. Die in der antiken Mythologie nicht geschilderte Szene einer Krönung Neptuns und Merkurs durch ihn dürfte wohl so zu deuten sein, dass der Sonnengott als Allegorie für Kaiser Maximilian steht, der den Handel und insbesondere die Geschäfte Jakob Fuggers – gekleidet in die Figuren Neptuns und Merkurs – schützt und bekrönt. Damit ordnet sich Fugger augenfällig der Herrschaft des Kaisers unter, just zu einem Moment, in dem er geschäftlich und politisch den Höhepunkt seines Wirkens erreicht hat. Auch die Goldhaube auf der Vorderseite der Medaille könnte für sein bewusstes Understatement sprechen. Antike Imperatoren tragen auf den Münzportraits Lorbeerkränze – Jakob Fugger eine modische Haube, die auch andere Zeitgenossen auf den Kopf setzen. Die Pose eines Herrschers maßt sich Fugger nicht an, er bleibt bewusst dem bürgerlichen Milieu verhaftet. Der Kaiser schützt seine Geschäfte, er selbst stützt den Kaiser mit seinem Geld. Machtanspruch und bescheidene Zurückhaltung vereinigen sich in diesem Münzbild auf überaus subtile Weise.

Wie Fugger, so konnte auch Maximilian mit dem Ausgang des Augsburger Reichstages zufrieden sein. Am 27. August 1518 sicherten ihm fünf von sieben Kurfürsten – Mainz, Köln, Pfalz, Brandenburg und Böhmen – ihre Wahlstimme schriftlich zu. Diese reichten aus, um seinen Enkel Karl zum Nachfolger zu küren. Krank und ermüdet von den politischen Geschäften reiste Maximilian bald darauf ab. »Nun gesegne dich Gott, liebes Augsburg, und aller frommen Bürger darinnen! Wohl haben Wir manchen guten Muth in dir gehabt; nun werden Wir dich nicht mehr sehen«, soll er beim Abschied gesagt haben. In der Tat blieb Maximilian, der nach einem Augenzeugenbericht bei seiner Abreise aus Augsburg bereits auffällig »an Leib und Gesundheit ganz baufällig« erschien, nicht mehr viel Lebenszeit übrig. Er starb am 12. Januar 1519 auf Burg Wels.

Die Wahl und Krönung seines Enkels Karl – nunmehr Kaiser Karl V. – fand erst Monate nach Maximilians Tod statt. Am 28. Juni 1519 wurde der Habsburger in Frankfurt a. M. zum König gewählt und am 23. Oktober 1520 in Aachen gekrönt. Als die Nachricht von seiner Wahl bekannt wurde, brannte die Stadt Augsburg Feuerwerke vor dem Perlachturm ab und grüßte mit Böllerschüssen. Mit seiner Königskrönung nahm Karl gleichzeitig den Titel eines »erwählten Kaisers« an. Eine eigentliche Kaiserkrönung durch den Papst erfolgte erst 1530 – und dann auch nicht in Rom, sondern in Bologna. Karl V. durfte sich als Herrscher über ein Weltreich fühlen. Er trug unter anderem die Titel eines römisch-deutschen Königs und Kaisers, eines Königs von Spanien, eines Erzherzogs von Österreich, eines Herzogs von Burgund, Brabant und Luxemburg, eines Grafen von Habsburg, Flandern und Tirol und eines Herrn in Asien und Afrika – ein wahrhaft universaler Machtanspruch, der allerdings ohne Fuggers Geld nicht realisierbar gewesen wäre. Von den insgesamt über 850.000 Gulden aufgebrachter Wahlgelder hatte dieser allein zwei Drittel vorgestreckt, nämlich 543.585 Gulden. Die Welser schossen 143.333 Gulden vor, der Rest kam von Genuesischen Bankiers. Die Einlösung der spanischen Wechsel übernahm wiederum Jakob Fugger. Damit leistete er einen gewichtigen Anteil zum Aufstieg der Habsburger, in deren Reich die Sonne nicht mehr unterging. Dabei reizte er die Grenzen des für ihn selbst Erträglichen aus, denn das Kapital musste er erst wieder einspielen.

1521 schloss er mit dem neuen Kaiser einen Vertrag zur Schuldentilgung ab. Ein weiteres Mal bekam er die Tiroler Silber- und Kupferproduktion in die Hand, deren Lukrativität er nun durch den Erwerb von Gruben und Hütten aus dem Besitz der bankrotten Kufsteiner Firma Baumgartner noch erheblich intensivierte. Fugger unterhielt seitdem eigene

Bergwerke in Schwaz, Rattenberg und Lienz. Wichtiger noch war eine andere Abmachung: Da Karl V. gleichzeitig König von Spanien war, übertrug er Jakob die Einkünfte aus den Gütern der Ritterorden von Santiago, Alcántara und Calatrava, die sogenannte Maestrazgo-Pacht. Selbstbewusst hatte Fugger aber vor der Abwicklung des Geschäfts den Kaiser an seine Verpflichtungen erinnern müssen. Nur mit seinem Geld habe er schließlich die Königskrone erhalten. Karl V. gab nach und übertrug ihm 1525 für drei Jahre die Pachterträge, womit Fugger einen Fuß in die spanische Tür bekam. Diese Weichenstellung war für die Zukunft des Handelshauses äußerst wichtig. Unter dem Nachfolger Anton Fugger reiften die spanischen Geschäfte zu einem bedeutenden Posten heran, der trotz Unterbrechungen immer wieder horrende Gewinne generierte.

Fuggers Geld und Habsburgs Glanz gingen auf diese Weise auch nach Maximilians Tod gemeinsame Wege. Das Augsburger Bank- und Handelshaus finanzierte die Politik Kaiser Karls V. im Reich wie in Spanien. Die Fugger allein brachten etwa ein Fünftel der Kreditsumme auf, welche die spanische Krone zwischen 1521 und 1555 insgesamt in Anspruch nahm. Nur die Welser und einige Genueser Bankiers waren imstande, ähnliche Verbindlichkeiten einzugehen. Als Karl die Herrschaft über Tirol an seinen Bruder Erzherzog Ferdinand abgab, der ihn 1531 auch als König und 1558 als Kaiser beerbte, ließ sich mit diesem Habsburger die gedeihliche Zusammenarbeit fortsetzen. Mit Fugger-Geld wurden der Schwäbische Bund finanziert, der rebellische Herzog von Württemberg vertrieben, der Bauernaufstand niedergeschlagen und der Schmalkaldische Krieg gegen die Protestanten bezahlt.

Die spanischen Ritterorden

Eines der lukrativsten Geschäfte für sein Haus fädelte Jakob Fugger noch persönlich ein: Gegen eine Pachtgebühr handelte er sich 1521 die Einkünfte aus den Gütern der spanischen Ritterorden aus. Die großen landwirtschaftlichen Betriebe der Ritterorden von Santiago, Alcántara und Calatrava, die seit Abschluss

Das Zinnober- und Quecksilberbergwerk von Almaden (Spanien) verwandelte sich für die Fugger in eine regelrechte »Goldgrube«. Von der strategischen Entscheidung Jakobs, die Pacht über die Güter der spanischen Ritterorden zu erwerben, profitierte das Haus unter seinen Nachfolgern noch lange.

der Reconquista der spanischen Krone unterstanden, brachten nicht nur Geld- und Zehntleistungen sowie reiche Naturalabgaben in Form von Getreide, Wein und Olivenöl ein. Auf dem Boden des Ordens von Calatrava lagen überdies wertvolle Quecksilber- und Zinnobervorkommen, die es auszubeuten galt. Quecksilber wurde im 16. Jahrhundert für die Spiegelherstellung und zum Scheiden von Gold gebraucht, aber auch in der Medizin benötigt, wo es für die Syphilisbehandlung eingesetzt wurde. Das Quecksilbererz Zinnober wiederum fand als roter Farbstoff hohe Nachfrage und wurde bis nach Indien exportiert. So erwies sich das Quecksilber-Bergwerk von Almadén in Kastilien als wahre »Goldgrube« für das Augsburger Handelshaus.

Die Fugger hatten mehrmals bis in die Mitte des 17. Jahrhundert hinein die Maestrazgo-Pacht inne, erstmals von 1525 bis 1527. Aber auch ihre Konkurrenten, die Augsburger Welser oder die Genueser Grimaldi, kamen dazwischen immer wieder zum Zug. Dennoch erwies sich gerade dieses Geschäftssegment als besonders ertragreich. Da die Gebühren für die Pacht niedrig ausfielen, ließen sich große Gewinnspannen erwirtschaften, die in manchen Jahren knapp 52 Prozent betrugen. Außerdem passte das gewonnene Quecksilber hervorragend in den von den Fuggern in vielfacher Weise bespielten Bereich der Metallgewinnung. Zum Scheiden von Gold wurde das flüssige Quecksilber, in Flaschen verpackt, massenhaft bis ins goldreiche Südamerika verschifft. Als Ausfuhrhafen stand Sevilla zur Verfügung. Die Fugger richteten eine Faktorei in der gut 120 Kilometer vom Bergwerk entfernten kastilischen Stadt Almagro ein und kümmerten sich dort um den Bau der St. Salvator-Kirche, den noch Jakob Fugger initiierte. Das Lilienwappen der Fugger prangt noch heute über den Portalen der Kirche und findet sich ebenso im Innenraum. Das Faktoreigebäude in Almagro ist erhalten geblieben und mit seinem zweistöckigen, arkadengesäumten Innenhof eine bedeutende Sehenswürdigkeit.
Das Bergwerk von Almadén in der spanischen Provinz Ciudad Real wurde erst 2003 stillgelegt und steht seit 2012 auf der Welterbeliste der UNESCO.

6 Vom Bürger zum Landadligen: Jakob Fugger als Reichsgraf

LANDBESITZ ALS KAPITALANLAGE

Wie für alle Inhaber großer Vermögen stellte sich auch für Jakob Fugger die Frage nach einer sicheren Anlage für sein angehäuftes Kapital. Investitionen in Grund- und Immobilienbesitz erschienen schon im 16. Jahrhundert als einigermaßen krisensicher, und so erwarb Fugger wie viele seiner Zeitgenossen große Güter und Liegenschaften auf dem Land. Zunächst bot sich dafür das nähere städtische Umland an, wo sich die Augsburger Hautevolee entlang der alten Handels- und Landstraßen, die aus der Stadt in alle Himmelsrichtungen führten, in Dörfern wie Pfersee, Westheim, Hainhofen, Bobingen, Untermeitingen, Nordendorf oder Oberndorf am Lech niederließ. Früh machten die Fugger diesen Trend hinaus aufs Land mit. 1495 erwarben die Fuggerbrüder im nahen Dorf Göggingen eine Behausung mit Weiher, Stadel, Garten, Ackerland und einer Mühle in der Singold. Das Haus wurde 1543 durch den Stadtbaumeister Bernhard Zwitzel zu einem kleinen Schlösschen mit Wassergraben, Stallungen und Wagenremise ausgebaut.

Zwar hatten solche Sitze viele Patrizier, doch wieder einmal hatte Jakob die Nase vorn, was Größe, Umfang und vor allem Dauerhaftigkeit des Landbesitzes betraf. Während andere Sippen im Laufe der Zeit ihren Immobilienbesitz wieder abstießen, befindet sich der von ihm erworbene Grund und Boden zum Teil bis heute im Besitz seiner Familie.

Das Zusammenspiel mit den Habsburgern wirkte sich für den Gütererwerb – wie nicht anders zu erwarten – vorteilhaft aus. Bereits 1507 konnte Jakob die nicht weit von Ulm gelegene Grafschaft Kirchberg mit Schloss Oberkirchberg und den Herrschaften Weißenhorn, Wullenstetten und Pfaffenhofen von Maximilian in Pfandkauf erwerben. Der König, der gerade seinen Rom- und Kaiserzug plante und wie immer Geld benötigte, war um die 50.000 Gulden dankbar, die er dafür von

Jakob Fugger erhielt. Dass er das Pfand jemals auslösen würde, stand eher nicht in Aussicht. Dennoch sicherte sich der König für die kommenden Jahre ein formales Rückkaufrecht, das allerdings bis 1724 nicht eingefordert wurde.

Die Übertragung einer ganzen Grafschaft an einen Bürgerlichen, der zu diesem Zeitpunkt weder dem Augsburger Patriziat angehörte noch einen Adelstitel besaß, war außerordentlich ungewöhnlich. Eine offizielle Belehnung Jakobs durch den König fand daher nicht statt. Mit der etwas verschleierten Übertragung hoffte man, kein Aufsehen zu erregen und insbesondere die mächtige Reichsstadt Ulm, die seit langem nach der Herrschaft über Kirchberg strebte, ruhigzustellen.

Maximilian gewann mit dem Deal von 1507 aber nicht nur einen heiß begehrten Kredit, sondern vor allem einen treu ergebenen Parteigänger in einem rechtlich und politisch äußerst zersplitterten Raum. Das Haus Habsburg hielt mit der Markgrafschaft Burgau und einem unter dem Namen Vorderösterreich zusammengefassten Besitzkomplex eigene Territorialherrschaften in Oberschwaben, sah sich aber vom Machtstreben der bayerischen Wittelsbacher sowie einflussreicher Reichsstädte und -klöster bedrängt. Kirchberg-Weißenhorn war erst im Zuge des Landshuter Erbfolgekrieges 1504 an Maximilian gekommen. Der Monarch musste daher genau überlegen, wen er hier als Herrschaftsträger einsetzte. Mit der raschen Übergabe an Fugger gewann er einen zuverlässigen Parteigänger für das weiterhin zum habsburgischen Lehensverband gehörende Gebiet. Denn alle wichtigen Herrschaftsrechte, einschließlich der hohen Gerichtsbarkeit und der Vogtei über das Kloster Wiblingen, gingen mit dem Kauf an Fugger über. Als Grundherr musste er die Aufrechterhaltung von Sicherheit und Ordnung gewährleisten, die herkömmlichen Rechte seiner städtischen und bäuerlichen Untertanen schützen, dem König ein Kontingent von 100 Knechten zur Romfahrt stellen sowie die Schlösser Oberkirchberg und Weißenhorn unterhalten und ausbauen. Maximilian ließ sich den Bau der Schlösser, in denen er zeitweilig Unterkunft zu nehmen wünschte, ver-

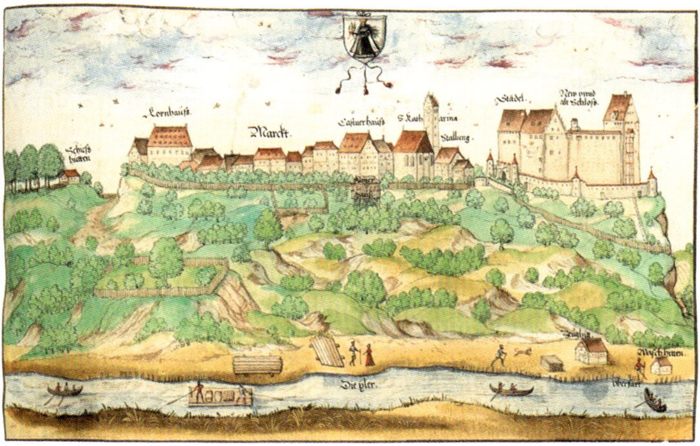

Mit dem Erwerb der Grafschaft Kirchberg legte Jakob Fugger den Grundstein für seinen umfangreichen Grundbesitz in Schwaben. Dieser begründete auch seinen sozialen Aufstieg in den Landadel. 1514 erhob ihn der Kaiser in den Grafenstand. – Illustration aus dem »Ehrenspiegel des Hauses Österreich«, 1559.

traglich zusichern. Fugger musste dazu viel eigenes Geld investieren, das er nur zum Teil auf die geplante Rückkaufsumme aufschlagen durfte. Detaillierte Inventare gaben Auskunft über Waffen, Pulver, Hausrat und Zubehör, die sich zum Zeitpunkt der Übergabe in den Schlossanlagen befanden. Die untertänige Bevölkerung leistete im Januar 1508 den Treueid auf Jakob Fugger: »Ich gelobe und schwöre, dem ehrbaren und festen Herrn Jakoben Fuggern als meinem rechten Herrn und seinen Erben, auch seinen Pflegern, Amtleuten und wem er an seiner Statt befiehlt, gehorsam, getreulich und gewärtig zu sein, auch die Rente, Zins und Gült und anderes reichen, (zu) geben und (zu) bezahlen«, begann die Eidesformel.

Gewissenhaft wie stets ging Jakob Fugger an die Arbeit als frisch gebackener Grundherr. In Kirchberg und Weißenhorn setzte er je einen Amtmann ein, der mit Hilfe von untergeordneten Vögten und Bütteln die Verwaltungsarbeit vor Ort übernahm, behielt aber selbst alle Vorgänge im Auge. Regelmäßig verkehrten Boten zwischen Augsburg und den Landsitzen, um den Firmenchef über alle Vorgänge auf dem Laufenden zu halten und seine Anweisungen wieder zurückzubringen. Sämtliche Einnahmen in Geld und Naturalien aus den bäuerlichen Höfen wurden wie die Einkünfte aus dem Getreide- und Bierverkauf in der Augsburger Zentrale erfasst, in Einzelkonten abgerechnet und durch eine jährliche Abschlussrechnung überprüft. Unterschlagungen und Nachlässigkeiten von Seiten der Verwalter waren dadurch weitgehend ausgeschlossen. Mit dieser Umsicht gelang es, die Erträge aus der Landwirtschaft zu steigern: Ende des 16. Jahrhunderts erbrachten sie eine Rendite von fünf bis sechs Prozent des investierten Kapitals und trugen damit nicht unerheblich zum Gesamtumsatz der Firma bei. Wie seinen Handel hatte Jakob Fugger auch seine Landwirtschaft im Griff. Zur Hebung der lokalen Wirtschaft griff er sogar noch einmal auf das alte Gewerbe der Weberei zurück und kurbelte in der kleinen Stadt Weißenhorn die Barchentproduktion an.

Wenige Jahre später erwarb Jakob Fugger weitere Güter unter der wohlwollenden Protektion des habsburgischen Kaisers: Mit Vertrag vom 24. August 1509 kaufte er nach längeren Vorverhandlungen die Hofmark Schmiechen südöstlich von Augsburg (heute Lkr. Aichach-Friedberg), die ebenfalls erst im Zuge des Landshuter Erbfolgekrieges an Maximilian gefallen war, für 8000 Gulden. Bestandteil des Kaufvertrages waren wiederum Sanierung und Bau des dortigen Schlosses, das der Kaiser mit Putz und Außenfresken verschönert wissen wollte. Zuvor war »Junker Jacopo«, wie die Rechnungsbücher des Augsburger Kontors für den 17. Juli 1509 verzeichnen, mit Gefolge »gen Schmiechen geritten«, um seine Neuerwerbung persönlich in Augenschein zu nehmen. Dabei machte er den Bauern und ihren Frauen, den Mägden und Knechten kleine Geldgeschenke, um ihre Gunst zu gewinnen. Die Übergabe des Gutes mitsamt der Burg vollzog sich im Anschluss denn auch reibungslos. Obwohl der Kauf in die schwierige Zeit der Affäre Meckau fiel, investierte Fugger – vielleicht auch um keine üblen Gerüchte um seine Zahlungsfähigkeit aufkommen zu lassen – erhebliche Summen in das heruntergekom-

Weißenhorner Barchent

Gerade in der Stadt Weißenhorn sah Jakob Fugger das Potenzial, erneut in die Textilproduktion einzusteigen. So belieferte er die Weber der Grafschaft Kirchberg mit Baumwolle und richtete 1517 in der Stadt Weißenhorn eine eigene Barchentschau zur Qualitätskontrolle ein, obwohl er wusste, dass das Ärger mit der nahen Reichsstadt Ulm bedeutete. Von solchen Widerständen ließ er sich jedoch nicht beeindrucken. Entschieden vertrat er über seinen Amtmann die Interessen der Weißenhorner Handwerker gegenüber den Ulmer Webern und ihrer Barchentschau.

Jakobs Nachfolger Anton, der in den unruhigen Zeiten der Reformation zeitweise seinen Sitz in Weißenhorn nahm, konnte auf diesen Vorarbeiten aufbauen. Er investierte viel Kapital in das dortige Textilgewerbe, richtete eine Waage und zwei Flachsbleichen ein und sorgte für den Export des Tuches über seine Antwerpener Faktorei. Weißenhorner Barchent fand reißenden Absatz – in den Niederlanden, in England, Spanien und über Sevilla bis in die Neue Welt. Die Stadt blühte auf. Zur Jahrhundertmitte arbeiteten etwa 300 Weber im Verlagssystem für Fugger.

Allerdings stemmte sich das mächtige Ulm beharrlich gegen die Konkurrenz vom Lande. Mit Schützenhilfe der Habsburger gelang es den Fuggern zwar, noch einige Zeit ihre Barchentschau in Weißenhorn zu halten, doch der Schmalkaldische Krieg läutete das Ende ihres Engagements ein. Nachdem die Produktion durch die kriegerischen Ereignisse ohnehin eingebrochen war und die Querelen mit Ulm nicht enden wollten, willigte Anton Fugger schließlich 1555 darin ein, allen Barchent nur noch an Ulmer Kaufleute zu veräußern. Die Baumwoll-Lagerbestände in Weißenhorn überließ er der Stadt Ulm zum Preis von 11.000 Gulden. Für ein ganzes Jahrzehnt jedoch hatte die Fuggerfirma dafür gesorgt, dass Weißenhorner Tuch in alle Welt vertrieben wurde.

Südöstlich von Augsburg lag die Hofmark Schmiechen. Beim Kauf verpflichtete sich Jakob Fugger gegenüber Kaiser Maximilian zum Ausbau und zur Instandhaltung des Schlosses. – Kupferstich von Michael Wening, zwischen 1695 und 1700.

mene Wasserschloss. Über 3000 Gulden verbrauchte er bis 1512. Dennoch lohnte die Investition, denn das Schloss blieb bis 1809 im Besitz seiner Familie.

Noch einmal gelang Jakob ein großer Güterkauf: Für den überaus hohen Betrag von 20.000 Gulden zuzüglich eines Darlehens von 12.000 Gulden erwarb er 1514 die Herrschaft Biberbach von Kaiser Maximilian. Zu dem rund 20 Kilometer nördlich von Augsburg an der Schmutter gelegenen Marktort gehörten neben einem Schloss vier weitere Dörfer, die zunächst im Besitz der Marschälle Georg und Hans von Pappenheim gewesen waren, bevor sie an Maximilian gingen. Die 12.000 Gulden Kredit brauchte der Kaiser aber für seinen Krieg mit Venedig so dringend, dass er die Herrschaft unverzüglich an Fugger abtrat. Wiederum waren Sanierung und Ausbau des Schlosses Bestandteil des Übergabevertrages. Fugger investierte erneut hohe Summen in den Erhalt der

Bausubstanz. Allein zwischen 1517 und 1520 gab er über 4.500 Gulden für die Instandhaltung aus, die er Maximilian nicht in Rechnung stellen konnte.

Mit weiteren Zukäufen versuchte Jakob seinen Besitz zu arrondieren. Am Ende seines Lebens war der bürgerliche Kaufmann Herr über mehr als 50 Dörfer. Immer deutlicher ließ er damit die begrenzte Welt des Stadtbürgertums hinter sich und öffnete seinen Nachkommen einen Weg zum Aufstieg in den Landadel. Der Erwerb umfangreicher Landgüter diente nicht allein der sicheren Kapitalanlage, sondern ebenso der Erhöhung des Sozialprestiges und der bewussten Annäherung an adlige Lebensformen, mit denen langfristig Standeserhöhungen durch den Kaiser zu rechtfertigen waren. Da Jakob Fugger bis zu seinem Tod nicht dem städtischen Patriziat angehörte, erschien ihm dies wohl als beste Strategie, der Familie über Grundbesitz den Weg in die Zukunft zu weisen.

DER SOZIALE AUFSTIEG

Zunächst schuf der Kauf großer territorialer Herrschaften für den bürgerlichen Kaufmann aber Probleme. Sowohl die Grafschaft Kirchberg als auch die Herrschaft Biberbach waren Reichslehen. Jahrelang weigerten sich ritterbürtige Vasallen, aber auch etliche bäuerliche Untertanen, ihm den Lehenseid zu leisten, da sie ihn als nicht zur Herrschaft berechtigt ansahen. Allein Maximilian konnte Abhilfe schaffen und tat es auch: 1511 erhob er seinen Bankier in den Freiherrnstand, und als das immer noch nicht genügte, stellte er ihn 1514 einem Reichsgrafen gleich und machte ihn zum kaiserlichen Rat. Die lehensrechtliche Gleichstellung mit einem Grafen versetzte Fugger in die Lage, seine Rechte als Grundherr auszuüben, auch wenn mancher Adlige ihn immer noch nicht als gleichwertig empfinden mochte. Noch 1553 sollten sich Räte des Herzogs von Württemberg abfällig über Anton Fugger als »parchatweber von Augsburg« äußern, mit dem sie nicht zusammenarbeiten wollten.

In Augsburg war es durch den Rat ohnehin verboten, einen Adelstitel zu führen und entsprechende Vorrechte –

zum Beispiel Steuerfreiheit – einzufordern. Jakob unternahm aber auch keinen diesbezüglichen Versuch und betonte im Gegenteil seine bürgerliche Herkunft. Demonstrativ trägt ein Farbholzschnitt, der um 1511 nach einer Zeichnung Hans Burgkmairs d. Ä. entstand und über Nachdrucke weite Verbreitung in der Öffentlichkeit fand, die Umschrift »Jakobus.Fugger.Civis.Augustae« – Jakob Fugger, Bürger von Augsburg. Ein Porträtrelief aus Schloss Babenhausen – gefertigt aus Solnhofer Stein, montiert auf Schieferkalkstein, um 1515 datiert –, zu dem es ein Pendant seiner Frau Sibylla gibt, zeigt den Firmenherrn im Stile römischer Imperatoren, aber dennoch nicht ohne die Beischrift »Civis Auguste«. Er fühlte sich offensichtlich in erster Linie als Augsburger Bürger oder inszenierte sich aus taktischen Gründen zumindest so.

Trotz seiner augenscheinlichen Nähe zu seiner Geburtsstadt strebte er keine politische Rolle an. Er saß erst spät im Großen Rat, der aber nicht viel zu entscheiden hatte, und in seinen letzten Lebensjahren von 1523 bis 1525 als nicht voll stimmberechtigtes Mitglied im Kleinen Rat. War es Zeitmangel, bewusstes Understatement oder einfach nur Desinteresse, das ihn zu dieser Zurückhaltung bewog? Vermutlich genügte es Fugger, ein Ohr bei Maximilian und Karl V. zu haben, um seine wirtschaftlichen Ziele durchzusetzen. Er übte Macht indirekt über sein ökonomisches Gewicht aus – das genügte ihm offenbar. Anders als italienische Bankier-Familien wie die Medici in Florenz, zu denen die Fugger geschäftliche Kontakte unterhielten, strebte er selbst keine Stadtherrschaft, nicht einmal eine dominante Rolle in den Gremien, an. Mag sein, dass Fugger auch hier seinen Sinn für das Machbare nicht verlor: Er wusste um den Neid seiner Zeitgenossen auf den angehäuften Reichtum. Einer seiner schärfsten Kritiker saß in der eigenen Familie. Wilhelm Rem hatte Jakobs Schwester Walburga geheiratet und geißelte das Repräsentationsbedürfnis der Fugger, ihre Feste und Hochzeiten, ihre verschwenderischen Bauten, ihr Übertreten städtischer Kleidernormen, in scharfem Ton in seiner Chronik. In der aufgewühlten Stimmung am Vorabend der Reformation erschien es ratsam, nicht noch Öl ins Feuer zu gießen und sich in Zurückhaltung zu üben.

So waren es erst Jakob Fuggers Nachfahren, die den sozialen Aufstieg in den Adel verfestigen konnten. Voraussetzung dafür war wiederum der Erwerb umfangreicher Landgüter und Territorien. Unter den Neffen Anton und Raymund Fugger kamen die bedeutenden Herrschaften Mickhausen, Glött, Babenhausen und Kirchheim an der Mindel nebst einer Vielzahl kleinerer Arrondierungen an das Haus Fugger. Anfang des 17. Jahrhunderts besaß die Familie rund 100 Dörfer in einem Umfang von insgesamt 230 bis 250 Quadratkilometern. Der Besitz konzentrierte sich in der Gegend zwischen Ulm, Donauwörth, Augsburg und Babenhausen.

1530 und erneut bestätigt 1533/34 wurden Anton, Raymund und Hieronymus Fugger, Söhne von Jakobs Brüdern Georg und Ulrich, von Kaiser Karl V. in den erblichen Reichsgrafenstand erhoben. Planmäßig heirateten die Söhne und Töchter fortan in bayerische, schwäbische und österreichische Adels- und Grafenfamilien ein. Allein acht Kinder Anton Fuggers gingen ab 1553 Verbindungen mit adligen Partnerinnen und Partnern ein, wobei vor allem Geld Pate am Ehebett stand. Die Fugger-Töchter erhielten exorbitante Mitgiften; die Hochzeitsfeierlichkeiten nahmen ungekannte Ausmaße an. Den erreichten Status markierten prächtige Schlossanlagen, die in der zweiten Hälfte des 16. Jahrhunderts in Glött, Babenhausen oder Kirchheim entstanden. Gerade Letzteres kündet vom gewachsenen Repräsentationsbedürfnis der Fugger von der Lilie, deren Vertreter inzwischen, humanistisch gebildet, als Mäzene der Künste hervortraten. Hans Fugger, der zweitgeborene Sohn Antons, ließ nicht nur die Badstuben in den Fuggerhäusern am Weinmarkt einrichten, sondern auch den sogenannte Zedernsaal in Schloss Kirchheim erbauen, der mit seiner wertvollen Kassettendecke, seinen Schnitzereien und Ornamentierungen aus mehr als zehn Holzarten ein Meisterwerk der Renaissance darstellt. Für die Ausstattung des Schlosses sparte der kunstsinnige Bauherr an nichts.

Er engagierte die besten Künstler wie den Niederländer Hubert Gerhard oder den Italiener Carlo Pallago für den plastischen Figurenschmuck.

Nach mehreren Aufteilungen des Grundbesitzes leben heute noch drei Fuggerlinien in Schwaben: Die Grafen Fugger-Kirchberg auf dem von Jakob Fugger erworbenen Oberkirchberg bei Ulm, die Fürsten Fugger von Glött auf Schloss Kirchheim an der Mindel und die ebenfalls gefürsteten Fugger-Babenhausen im gleichnamigen Schloss im Landkreis Unterallgäu.

Während das Handelsgeschäft im Laufe des 16. Jahrhunderts aufgrund politischer und wirtschaftlicher Krisen immer schwieriger wurde, eröffnete der Aufstieg in den Adel den Fuggern neue Karrieremöglichkeiten an Fürstenhöfen, im Militär oder innerhalb der Kirche. Der Landbesitz garantierte zudem sichere Einkünfte und half, den Kapitalstock des Hauses über die Zeiten zu bewahren.

GÄRTEN ALS ERHOLUNGSRAUM

Obwohl Jakob Fugger die meiste Zeit seines Lebens in der Stadt Augsburg, am Ort seiner Geschäfte, verbrachte, scheint er doch die Ruhe des Landlebens geschätzt zu haben. Er besaß in Augsburg nicht nur zahlreiche Häuser, sondern auch mehrere Gärten. Schon 1493 erwarb er mit seinen Brüdern von der Vorbesitzerin des Hauses am Rindermarkt, Felicitas Grässler, einen Garten vor dem Gögginger Tor, der in der Nähe des alten Fuggeranwesens lag. Ein Jahr später kam ein Anger vor dem Wagenhals (Rotes Tor) hinzu; 1504 erfolgte der Ankauf eines frei gewordenen Zwingers vor dem Rosenautor. Diese Gartenflächen dienten nach spätmittelalterlicher Tradition in erster Linie noch dem Gemüse- und Obstanbau. Kräuter und Nutzpflanzen gediehen hinter windgeschützten Mauern und bereicherten den Speisezettel um Beeren, Äpfel, Birnen, Kraut und Rüben. Dennoch bot der Garten mit seinen duftenden Blumen, den blühenden Stauden, den Rasenbänken und schattigen Obstbäumen auch schon zu dieser Zeit einen Erholungsraum für Geist und Seele in freier Natur.

1505 erwarb Jakob Fugger um den stattlichen Betrag von 800 rheinischen Gulden einen Garten vor dem Neidbadtörlein (im Testament Barfüßertor genannt) in der Jakobervorstadt, nahe der Umwallung, der ihm außerordentlich viel Freude bereitete. Hier ließ er ganz im Sinne der italienischen Humanisten, die im Rückgriff auf die römische Antike die Gartenkunst erneuern wollten, einen Lustgarten einrichten, der, ausgestattet mit Gartenhäusern, Laubengängen, Teichen, Vogelvolieren und Wasserspielen, ganz überwiegend dem bloßen Vergnügen diente. Solche Gärten hatte Fugger wohl schon während seiner Italienaufenthalte kennengelernt. Nun holte er einen solchen über die Alpen. Auch wenn keine bildlichen Darstellungen von seinem Garten überliefert sind und Jörg Selds Vogelschau-Stadtplan von 1521 an jener Stelle nur eine lockere Baumbepflanzung mit drei kleinen Teichen zeigt, geben literarische Beschreibungen einen Eindruck. Antonio de Beatis erlebte dort 1517 den Empfang des Kardinals Luigi d'Aragona mit und zeigte sich von der rauschenden Ballnacht mit den Wasserspielen begeistert: »Die Fugger besitzen einen Garten, der in einer Vorstadt nahe der Umwallung liegt. Hier befinden sich Brunnen, aus welchen vermittels eines Räderwerkes das Wasser bis in die Zimmer hinaufbefördert wird. Hier veranstalteten die Fugger zu Ehren des Kardinals einen Ball von schönen Frauen.«

Archivalisch belegt ist die Genehmigung eines Wasserrades im Lechkanal für den Betrieb der Wasserkünste. Der Rat erlaubte ferner, dass Jakob Fugger an der Stadtmauer eiserne Ringe und Holzklötze anbringen durfte, um zum Schutz seiner empfindlichen fremdländischen Pflanzen Planen aufziehen zu können. Als exotische Modegewächse aus dem Mittelmeerraum kämen dafür etwa Granatapfel-, Zitrus- und Lorbeerbäume in Frage. Aufgrund der Angaben der Fuggerchronik ist zumindest gesichert, dass Jakob Weinreben auf seinem sich bis zum Oblattertor erstreckenden Areal zog.

Erst aus späterer Zeit sind mehr Details über das ländliche Idyll am Rande der Stadt bekannt. Anton Fugger erbte den Besitz und ließ ihn weiter ausbauen. Um die Weinreben zu versorgen, stellte er sogar einen eigenen Gärtner an. Es gab ein mit teuren Rundbildern ausgestattetes »welsches«, d. h. italienisches Haus, einen Zierbrunnen und eine Skulpturensäule. Besondere Bewunderung erregte das Brunnenwerk, das eine Wasseranlage mit 26 Löwenfiguren speiste. Michel de Montaigne, der 1580 Augsburg bereiste und dabei den Fuggergarten besuchte, berichtete sehr angetan von den »Lusthäusern für den Sommer«, von den »großen gedeckten Fischbehältern« und den lustigen Wasserspielen, die sich mit ihnen verbanden. Aus kleinen Röhren spritzte das Wasser nach oben. »Wenn die Damen sich damit ergötzen, dem Haschen der Fische zuzusehen, wird irgendeine Hemmung frei und all die Spitzen sprudeln dünne, flinke Strahlen bis zur Manneshöhe und netzen die Unterröcke und Schenkel der Damen.« Auch eine mit Rebhühnern und Tauben gut bestückte Voliere gab es zu bestaunen. Im Stadtplan von Wolfgang Kilian (1626) sind die beiden Fischteiche, die Sommerhäuser mit den Arkadengängen, die Beete und der Baumgarten in der Mitte gut erkennbar. Aber auch zu Jakob Fuggers Zeiten muss der Garten bereits gut ausgestattet gewesen sein, denn er selbst erwähnt in seinem ersten Testament »Hausrat, Tapezerei und was darinnen ist« und überlässt alles seiner Frau zur Nutzung.

In seinem Refugium fand der vielbeschäftigte Großkaufmann Ruhe vom Alltag. Es fiel ihm nicht schwer, abzuschalten. Wenn er des Nachts schlafen gehe, äußerte er laut Ehrenbuch mehrmals gegenüber seiner Umgebung, habe er keine Hinderung des Schlafes, sondern lege mit dem Hemd alle Sorgen und Anfechtungen des Handels ab. Ein Spaziergang in seinem Garten nach getaner Arbeit wird ihm dabei wohl geholfen haben.

7 Die großen Stiftungen

Jakob Fugger hinterließ der Nachwelt drei fromme Großtaten, die er mit einem Stiftungsbrief vom 23. August 1521 juristisch dauerhaft regelte und zusammenfasste. Es sind dies die Familien-Grabkapelle in der ehemaligen Karmeliterklosterkirche St. Anna, die Armensiedlung der Fuggerei sowie die Predigerstelle von St. Moritz. Ganz im Sinne spätmittelalterlicher Frömmigkeit erhoffte sich auch ein reicher Mann wie Jakob Fugger, mit guten Taten und umfangreichen Gebetsleistungen zur Rettung seines und seiner verstorbenen Verwandten Seelenheil beitragen zu können. Die religiöse Praxis seiner Zeit bestimmte zuallererst sein Handeln. Doch andere Motive spielten ebenso eine Rolle. Ruhm und Ehre des Handelshauses sollten sich in Umfang und Bedeutung des Stiftungswerkes widerspiegeln und so die Memoria, das Gedächtnis an die Familie in der Nachwelt, dauerhaft verankern – die Stiftungen selbst stellten somit eine besonders wirkmächtige Form der Repräsentation dar.

Daneben ging es aber auch um die soziale Legitimation seines Reichtums, der gerade um diese Zeit von Kritikern und frühen Reformatoren stark angefochten wurde. Stolz spricht aus den Worten des erfolgreichen Unternehmers, wenn er seinen Stiftungsbrief mit den Worten beginnen lässt: »Ich, Jacob Fugger, Burger zu Augspurg, bekenn mit diesem Brief und Libell und tu kund allermännigklich, die ihn ansehen, lesen oder hören«: Nicht allein »Gott zu Lob« mache er seine Stiftungen, sondern aus Dankbarkeit für Gottes »Gutheit und glücklichen Zuständ«, mit denen er »uns bisher in unserem Handel mit zeitlichen Gütern« gesegnet habe. Damit stellte Jakob Fugger einen Zusammenhang zwischen Reichtum und göttlicher Begnadung her und rechtfertigte seine Lebensleistung vor seinen Kritikern: Ohne Gottes Gunst hätte er nicht diesen Erfolg gehabt, gab er zu bedenken. So dienten die Stiftungen nicht zuletzt dem Zweck, das überdurchschnittliche Fuggersche Vermögen vor der Allgemeinheit zu legitimieren. Jakob verwies auf den »gemeinen Nutzen« seines Reichtums.

DIE GRABKAPELLE VON ST. ANNA

Wie viele Familien der Oberschicht wollten auch die Fugger eine Grabkapelle in einer der nachgefragten geistlichen Einrichtungen der Stadt haben. In Frage dafür kam das beim Augsburger Bürgertum besonders beliebte Karmeliterkloster St. Anna. Der Bettelorden war seit dem späten 13. Jahrhundert in Augsburg ansässig und hatte nach einem verheerenden Brand 1460 Kloster und Kirche neu errichten lassen. Viele prominente Augsburger stifteten für den Wiederaufbau Geld, reservierten sich außerdem Grabstellen im Kreuzgang und in der Kirche, spendeten Seelenmessen für sich und ihre verstorbene Verwandtschaft. Angesichts des Andrangs erschien die Klosterkirche bald als zu klein, wohl auch zu schlicht, sodass sich der Konvent um Erweiterungsmaßnahmen bemühte.

Erste Pläne der Fugger, in St. Anna eine Grablege einzurichten, gingen auf die Jahre um 1505/6 zurück, einem Zeitpunkt, als der Bruder Georg noch lebte. Nachdem dieser jedoch am 14. März 1506 verstorben war, unterzeichneten Ulrich und Jakob Fugger allein, wenn auch in ihrer beider Namen und dem des Verstorbenen, 1509 einen Vertrag mit dem Prior des Klosters, Johannes Starck, genannt Fortis, über die Errichtung einer Familiengrabkapelle. Der recht ausgabenfreudige Prior, der später wegen seiner Verschuldungspolitik Probleme mit dem Provinzialkapitel bekam, wollte die Kirche nach Westen erweitern und gleichzeitig verschönern und sah in den Fuggerbrüdern die geeigneten Geldgeber. Mit dem Vertrag von 1509 sicherten Ulrich und Jakob Fugger zu, »mit großen und denkwürdigen Aufwendungen« eine »besonders schöne Kapelle« zu errichten, die nach Aufwand und Kosten das Übliche bei weitem übertreffen sollte. Sie übernahmen außerdem die Ausstattung der Kapelle mit Altären, Gestühlen, Ornaten und anderen zum Gottesdienst benötigten Gerätschaften und erhielten im Gegenzug den Neubau als Grablege für sich und ihre »Erben und Nachfolger« reserviert. Lang und breit regelte der Vertrag die Zugangs- und Nutzungsrechte der Familie an der Kapelle, die mit Hilfe eines

In der Karmeliterklosterkirche von St. Anna ließ Jakob Fugger für sich und seine Brüder eine prunkvolle Grabkapelle errichten. Sie brauchte den Vergleich mit italienischen Memorialbauten nicht zu scheuen.

verschließbaren Gitters vom übrigen Kirchenraum abgetrennt werden sollte. Jeden Tag musste eine Messe nur für die Stifter gelesen werden. Um die Kapelle herum war ein bestimmter Abstand freizuhalten, in dem keine baulichen Veränderungen am Kirchenraum vorgenommen werden durften.

Die Regelungen, die die Rechte des Konvents am eigenen Kirchenraum über Gebühr beschnitten – schließlich nahm die Grabkapelle den gesamten Westchor ein und über ihre Nutzung bestimmten die Stifter –, zeigten, worum es den Fuggerbrüdern ging: Sie wollten eine dauerhafte, repräsentative Grablege haben, die jene anderer großer Familien übertraf. War es ansonsten üblich, in Seitenkapellen private Grabkapellen einzurichten, platzierten die Fugger ihren Gedächtnisraum an einer besonders exponierten Position innerhalb der Kirche. Hier, am prominenten und für die Gemeinde nicht zu übersehenden Westabschluss der Kirche, sollte der »Gründerväter« des Geschäfts, der Gebrüder Georg, Ulrich und Jakob Fugger, und ihrer männlichen Nachkommen gedacht werden. Ausdrücklich wurde den Bauherren das Recht zugestanden, ihre Wappen an den Wänden innerhalb und außerhalb der Kapelle anzubringen – geschnitzt, gemeißelt oder gemalt. Selbst wenn die Linie der Fugger von der Lilie im Mannesstamme aussterben sollte – so sah es der Vertrag von 1509 vor –, war es den Nachkommen aus den weiblichen Seitenlinien verboten, irgendetwas an der Kapelle und dem Wappenschmuck zu verändern. Ausschließlich »Name und Geschlecht und Wappen« der Fugger von der Lilie sollten hier Verehrung finden.

Für die weitgehenden Stiftungsrechte erlangte Jakob Fugger durch seine guten Beziehungen zur Kurie die päpstliche Bestätigung. Trotz aller kirchenrechtlichen Absicherungen unterbrach die Reformation die anvisierte Bestattungskontinuität. Neben Georg, Ulrich und Jakob Fugger fanden nur noch Hieronymus und Raymund, Söhne Ulrichs und Georgs, ihre letzte Ruhe in der Gruft. Für die weiblichen Mitglieder des Hauses war offenbar ein Platz in der Dominikanerkirche vorgesehen, wo Jakob Fugger 1516 eine Seitenkapelle erwarb.

Nach dem Tod Ulrichs 1510 übernahm es Jakob Fugger allein, das fromme Werk zu Ende zu führen. Der Rohbau stand bis 1512, an der Innenausstattung arbeitete man noch bis 1517, die Weihe der Kapelle erfolgte am 17. Januar 1518. Vermutlich zu diesem Anlass überführte man die Leichname der verstorbenen Brüder Georg und Ulrich, die unmittelbar nach ihrem Tod auf dem Gemeindefriedhof von St. Moritz ihr Grab gefunden hatten, in die Gruft der neuen Kapelle. Jakob hatte für die Ausstattung wahrlich an nichts gespart und die besten Künstler seiner Zeit beschäftigt. Während das damals noch flachgedeckte und mäßig ausgeleuchtete Langhaus einen eher dunklen und schlichten Eindruck hinterließ, wartete der Westchor mit einem lichtdurchfluteten, hochgewölbten Raumabschluss auf, dessen Kreuzgratgewölbe ein rosettenartiges Rippenmuster zierte. Im Schlussstein wacht die Muttergottes, umgeben von den Wappenlilien der Fugger, über die Toten. Folgt das Gewölbe noch den Traditionen des Spätmittelalters, sind in der Ausstattung der Anlage die Anregungen aus Italien unübersehbar. Kunsthistoriker machten verschiedene Vorbilder in Venedig, Rom und Florenz aus. Der wertvolle, mit Rosetten und Fuggerlilien geschmückte Marmorfußboden, der freistehende Marmoraltar mit seiner vierköpfigen Fronleichnamsgruppe und die hervorragenden, in die Rückwand eingelassenen Epitaphien aus italienischem Marmor zur Erinnerung an die Verstorbenen atmen unverkennbar den Geist der italienischen Renaissance.

Jakob Fugger frönte hier einmal mehr seiner Italienliebe und hatte wohl das eine oder andere Vorbild seiner Kapelle mit eigenen Augen gesehen. Als ausführende Baumeister kommen allerdings heimische Meister wie Burkhard Engelberg oder Jakob Zwitzel in Frage. Wegen fehlender archivalischer Belege lassen sich über die beteiligten Künstler nur Mutmaßungen anstellen. Für die Bildhauerarbeiten werden Adolf und Hans Daucher genannt, für die Malereien Jörg Breu d. Ä. und Hans Burgkmair d. Ä. Die Gesamtkonzeption stammte aller Wahrscheinlichkeit nach von Albrecht Dürer. Sicher belegt sind jedenfalls seine Entwürfe für die Epitaphien Georg und Ulrich Fuggers, die in feinen Reliefs den Kampf Simsons gegen die Philister bzw. die Auferstehung Christi über den in Tücher gehüllten Leichnamen der Verstorbenen zeigen. Die beiden äußeren, Jakob Fugger gewidmeten Epitaphe stellen dagegen Apotheosen des Fuggerwappens dar, umgeben von Allegorien des Ruhms, des Todes und der Vergänglichkeit. Die Entwürfe dazu stammen vermutlich von Hans Burgkmair d. Ä. oder Hans Daucher.

Auffallend ist der enge Zusammenhang von Auferstehungsgedanke, Totengedenken und Altarsakrament, der sich in der Kapelle offenbart. Die Hans Daucher zugeschriebene Figurengruppe des Altars zeigt den vom Kreuz abgenommenen leidensvollen Corpus Christi, gestützt von einem Engel und umgeben von den Figuren der Maria und des Johannes. Damit wird auf den Opfertod Christi und gleichzeitig auf die Eucharistie verwiesen, die durch die Wandlung von Brot und Wein die Erlösungstat Christi immer wieder erneuert. Da die Figurengruppe sich ursprünglich der Epitaphienwand zuwandte, kamen die Verstorbenen, derer man dort gedachte, symbolisch gedeutet »unmittelbar« mit dem gewandelten Leib Christi in Berührung – ein Zeichen der Hoffnung auf Auferstehung.

Mit diesem Kapellen-Schmuckstück schuf Jakob Fugger einen echten »Hingucker«, der die Aufmerksamkeit eines jeden Kirchenbesuchers sofort auf sich zog. Überall prangte das Fuggerwappen – an der Decke, am Boden, an den Wänden, am Fenster. Der Stifter selbst ließ sich auf dem linken Flügel der großen Orgel verewigen: mit der typischen venezianischen Haube auf dem Kopf, als Augenzeuge der Himmelfahrt Christi. Auf dem gegenüberliegenden Flügel ist die Gestalt seines größten Mentors, Kaiser Maximilian, abgebildet, der der Himmelfahrt Mariens beiwohnt.

Der Eindruck, den die »mit aller Kostlichkeit auf das zierlichst mit Gold, Silber und gutem edlem Holz, auch auf welsche Art« (Clemens Jäger im Ehrenbuch) errichtete Kapelle bei den Zeitgenossen hinterließ, war einfach überwältigend. Selbst weit gereiste Gäste wie Antonio de Beatis staunten über die Qualität der Kunstwerke, den vielen Marmor, das Gold, die ausgezeichneten Malereien und die vollkommenen Marmorfiguren nach dem Vorbild der Antike. Der Nürnberger Humanist Johannes Cochläus nannte sie unvergleichlich »in Teutschen Landen«. Kurfürst Georg von Sachsen bestaunte die Fuggerkapelle 1518 während einer Messe. Doch in die Begeisterung mischte sich auch Kritik. Die hohen Kosten, über die verschiedene Summen kursierten, die aber etwa um die 15.000 Gulden betragen haben dürften, überstiegen die üblichen Ausgaben für derartige Monumente um ein Vielfaches. Kritiker wie Ulrich von Hutten schmähten den Bau »nach Art von Königen«. Wilhelm Rem spottete, man hätte sie auch für deutlich weniger, nämlich 6000 Gulden, errichten können. Die Memoria der Fugger von der Lilie war jedenfalls gesichert – bis heute ist die Annakirche ein vielbesuchter und bestaunter Ort in Augsburg geblieben.

St. Anna und die Reformation

Seine Grabstätte plante Jakob Fugger mit höchster Präzision und Sorgfalt; den Lauf der Geschichte konnte er aber nicht aufhalten: Der Ausbruch der Reformation machte ihm einen Strich durch seine Rechnung. Das Karmeliterkloster schloss sich früh und entschieden der neuen Lehre an. Der Nachfolger des in Ungnade gefallenen Priors Johannes Starck, Johannes Frosch, kannte Martin Luther noch aus seiner Wittenberger Studienzeit und sympathisierte mit dessen kritischen Thesen. Viele Konventsmitglieder taten es ihm nach. Prominente reformorientierte Prediger wie Urbanus Rhegius oder Stephan Agricola traten in St. Anna auf. An Weihnachten 1525 wurde der Bruch mit der katholischen Kirche vollzogen: Erstmals reichte man den Gläubigen das Abendmahl nach evangelischer Art, nämlich in beiderlei Gestalt. Zu diesem Zeitpunkt hatten die meisten Mönche das Kloster bereits verlassen, Prior Frosch sein Amt niedergelegt und geheiratet. 1531 nutzte die Stadt die weitgehend leerstehenden Gebäudeteile zur Einrichtung einer evangelischen Lateinschule. Mit der Einführung der Reformation in der Stadt Augsburg durch den Rat 1534 wurden das Kloster aufgelöst und die Klosterkirche geschlossen. 1548 wurde Letztere an die evangelische Kirchengemeinde St. Anna übergeben.

Fuggers Grablege blieb dennoch im Besitz der katholischen Familie. Jakobs Neffen Raymund († 1535) und Hieronymus († 1538) konnten allerdings nur heimlich und unter höchster Diskretion dort bestattet werden. Trotz der erschwerten Umstände bekannte sich Anton Fugger in einem neuen Stiftungsbrief vom 31. Juli 1548 zu Fortführung und Erhalt aller drei von seinem Onkel initiierten Stiftungen, die finanzielle Selbständigkeit mit einem eigenen Rechnungswesen erhielten. Die Grabkapelle in St. Anna sollte als »Gebäu« erhalten bleiben; Restaurierungsmaßnahmen gingen auf Kosten des Hauses. Das liturgische Totengedenken wurde ab 1555 – als sich abzeichnete, dass St. Anna evangelisch bleiben würde – jedoch in die Augsburger Dominikanerkirche verlegt. So entstand die bis heute andauernde kuriose Situation, dass eine dezidiert katholische Familie eine Grablege in einer evangelischen Kirche unterhielt. Bestattungen fanden darin in der Folgezeit keine mehr statt. Da die Fugger sich inzwischen als Adlige etabliert hatten, nahmen sie neue Beisetzungen überwiegend in den Schlössern und Kirchen ihrer Landsitze vor.

DIE FUGGEREI

Mehr als jeder bauliche Glanz beeindruckte und beeindruckt aber Jakob Fuggers soziales Engagement Zeitgenossen wie Nachwelt. Der »gemeine Nutzen« offenbarte sich in seiner Armensiedlung in der Jakobervorstadt am deutlichsten: »Gott zu Lob und Ehr, auch armen Taglöhnern und Handwerkern zu Hilf« habe er »etliche Häuser allhier zu Augsburg, im Capenzipfel genannt«, erbauen lassen, bekundet er in seinem Stiftungsbrief.

Die Stiftung einer großzügigen Wohnsiedlung für bedürftige Mitbürgerinnen und Mitbürger brachte dem Firmenherrn einen nachhaltig guten Ruf ein. Die »Fuggerei« kommt bis heute ihrem Stiftungsauftrag nach und gilt damit als älteste durchgehend bewohnte Sozialsiedlung der Welt.

Der Gründung ging eine längere Planungsgeschichte voraus. Bereits 1514 hatte Jakob Fugger in der dünn besiedelten Vorstadt der Welser-Witwe Anna Strauß vier Häuser mit Garten »Am Kappenzipfel« abgekauft. Zwei Jahre später hatte er drei weitere Häuser erworben, ohne dass aus den Kaufverträgen hervorging, was er damit vorhatte. Die Gegend hatte keinen guten Ruf, wohnten hier doch überwiegend Vermögenslose in prekären Verhältnissen. Ein Schweine- und ein Rindermarkt lagen in unmittelbarer Nähe. Doch ließ ein mit 15.000 Gulden gut gefülltes Konto »St. Ulrich« in seinen Geschäftsbüchern, reserviert für karitative Zwecke, darauf schließen, dass er Großes plante. Aber erst 1516 verhandelte der Kaufherr mit der Stadt Augsburg konkret über die Errichtung einer Armensiedlung in der Jakobervorstadt »für etliche Arme, bedürftig Bürger und Inwohner zu Augsburg, Handwerker, Tagelöhner und andere, welche nicht betteln wollen«, und den damit verbundenen steuerlichen Erleichterungen für die vom Stiftungskapital erbauten Einrichtung. Außerdem wurde verfügt, dass die Einwohner der Steuer- und Gerichtshoheit auf Dauer der Stadt Augsburg unterstellt bleiben würden und die Verwaltung der Stiftung niemals in kirchliche Hände geraten sollte. Noch im selben Jahr ging Fugger daran, unter Leitung des Augsburger Maurermeisters Thomas Krebs planmäßig auf dem erworbenen und freigeräumten Gelände entlang schnurgerader Gassen Zeilen einstöckiger Reihenhäuser zu errichten. Die Arbeiten schritten rasch voran. 1517 standen bereits 22 kleine Häuschen, bei Vollendung der Siedlung 1523 waren es 52 Häuser mit 102 Wohneinheiten sowie Verwaltungs- und Stallgebäude. Im Stiftungsbrief von 1521 regelte Jakob Fugger die genaue Finanzierung und Verwaltung der Siedlung, die Voraussetzungen zum Erhalt einer Wohnung sowie Modalitäten des Zusammenlebens.

Nichts offenbart seinen nüchternen Blick auf das Elend seiner Zeit so wie die Gründung dieser Armensiedlung. Sie überbot alle vergleichbaren Einrichtungen der städtischen oder privaten Armenfürsorge an Größe und Umfang. Kosten- und platzsparend ließ Fugger die Häuser in »Modulbauweise« errichten. Der gleichbleibende Grundriss der Typenhäuser, die Normierung von Türen und Fenstern, die durchlaufenden Dachstühle und gemeinsamen Scheidewände sparten Kosten und Arbeit. Nur wenn unbedingt erforderlich, wurde von der Grundform abgewichen. Im Erdgeschoss und im Obergeschoss befanden sich jeweils getrennte Wohneinheiten mit je eigenen Zugängen. Sie boten auf etwa 60 Quadratmetern Wohnfläche drei Zimmer und eine Küche. Hinter der Häuserfront erstreckten sich parzellierte kleine Gärten, auf denen die Bewohner Gemüse ziehen oder Kleinvieh halten konnten. Das ganze Wohnareal umgab eine Mauer mit Toren, die nachts verschlossen wurden. Gemeinschaftsräume oder größere Plätze für Zusammenkünfte fehlten – die Bewohner der Siedlung blieben ganz auf ihre Privatsphäre verwiesen.

Mit diesem Konzept folgte Jakob Fugger neuen Ansätzen in der Armenfürsorge. Das Anschwellen der Armut im 14. Jahrhundert hatte dazu geführt, dass man genauer zwischen vagabundierenden Bettlern und sogenannten verschämten Hausarmen unterschied. Landflucht, Pest, Krieg und der begrenzte Zugang zu den Zünften bedingten, dass in den Städten ein Heer mittelloser Menschen lebte. In Augsburg fielen die Vermögensunterschiede besonders krass aus. Viele lohnabhängige Handwerker lebten von der Hand in den Mund und gerieten bei jeder konjunkturellen Schwankung, bei Teuerung, Krankheit oder Alter in die Existenzkrise. Diese mittellose Schicht der Arbeitswilligen, aber stets vom sozialen Absturz Gefährdeten hatte Jakob Fugger im Auge, als er daran ging, sein größtes Stiftungsvorhaben ins Werk zu setzen. Er wollte keinen Bettlern Unterkunft bieten, auch keinen Arbeitsscheuen oder Müßiggängern, sondern ausschließlich ehrbaren Armen, die ihren Pflichten, für ihren Unterhalt selbst zu sorgen, nachkamen und sich bemühten, das Lebensnotwendigste allein zu erwirtschaften. Dies entsprach seiner persönlichen Einstellung zu Leistung und Arbeit.

So regelte er sehr genau, wer in den Genuss einer seiner Wohnungen kommen sollte: Es mussten ehrbare fromme Bürger und »Inwohner« (Bewohner mit minderem Rechtsstatus) der Stadt Augsburg sein, die nicht von Almosen bzw. Bettel lebten. Ihnen gewährte Fugger für den äußerst günstigen Jahresmietpreis von einem Rheinischen Gulden (heute sind es 88 Cent Jahreskaltmiete) ein Obdach, in dem sie leben, aber auch arbeiten konnten. In Frage kamen folglich Tagelöhner, unselbständige Handwerker, Kleingewerbetreibende mit ihren Familien, aber auch Witwen, Alte oder wegen Krankheit nur eingeschränkt Berufstätige. Diesen »verschämten Hausarmen« bot Fugger eine Chance, ihre Selbständigkeit und Würde zu erhalten. Wer keine Heimarbeit ausführte – wie viele Frauen, die am Spinnrad oder Webstuhl saßen oder Näharbeiten verrichteten –, verließ untertags die Wohnsiedlung, um einer Betätigung in der Stadt nachzugehen. Zu den ersten Bewohnern der Häuser zählten Schmiede, Schuster, Metzger, Schlosser,

Wachszieher oder Drechsler. Nicht wenige von ihnen richteten sich in der Kammer, auf dem Dachboden oder im Hof eine kleine Werkstätte ein, um zusätzliche Ausgaben für Räumlichkeiten in der Stadt zu vermeiden. Dies erklärt den für damalige Verhältnisse stattlichen Grundriss der Behausungen in der Fuggerei.

Wie wirkungsvoll die frühneuzeitliche »Mietenbremse« war, zeigt das Beispiel des Jörg Holzwart, der mit seiner Familie nachweislich ab 1520 in der Fuggerei lebte. Der Familienvater von drei Kindern, der dem wenig einträglichen Beruf eines Holzmessers nachging, schaffte es aufgrund der günstigen Wohnkosten innerhalb von sieben Jahren, sich Geld für den Erwerb des Bürgerrechts zusammenzusparen. Er stieg vom einfachen »Inwohner« mit begrenzten Rechten zum Augsburger Bürger auf – ein Erfolg für den Zuzügler, der erst 1515 in die Stadt gekommen war.

Von welchen Vorbildern sich Fugger anregen ließ, ist ungewiss. In Venedig, in den Niederlanden, in England und in vielen Städten des Reiches gab es Armen- oder Seelhäuser, in denen alte, arbeitsunfähige Menschen oder unverheiratete Frauen ein religiös bestimmtes Gemeinschaftsleben führten. Doch ihre Zahl war sehr begrenzt; viele private Stiftungen nahmen nach dem Vorbild der zwölf Apostel nicht mehr als zwölf Personen auf. Jakob Fugger ging dagegen mit über 100 Wohneinheiten in die Vollen. Etwa 300 bis 350 Menschen konnten hier ein Obdach finden. War die Not groß, ließen sich bei Bedarf einzelne Räume auch durch den Einbau von Zwischenwänden teilen und gesondert an Alleinstehende vermieten. Eine religiöse Lebensführung nach dem Maßstab der Klöster verlangte er von seinen Insassen nicht mehr. Sie sollten lediglich jeden Tag ein Vaterunser, ein Ave Maria und ein Glaubensbekenntnis für ihn beten. Mangels einer Kirche oder Kapelle auf dem Gelände – die Markuskapelle der Fuggerei wurde erst 1581/82 errichtet – konnte diese Gebetsleistung von niemandem überprüft werden. Sie wurde im Privaten vollzogen. Angesichts der Tatsache, dass in anderen Armenhäusern die Teilnahme der Bewohner am Stundengebet benachbarter Klöster verpflichtend vorgeschrieben war und deutlich höhere tägliche Gebetsleistungen eingefordert wurden, erlegte Jakob Fugger seinen Schäfchen ein recht moderates Pflichtprogramm auf. Im Vordergrund stand für ihn die überlebensnotwendige Arbeit der Bewohner, die er nicht über Gebühr mit privaten Andachten strapazieren wollte.

Dennoch legte der Stifter Wert auf einen ehrbaren Lebenswandel: »nichts unerhrbares oder schandtliches« solle gestattet werden, setzte er in seinem Stiftungsbrief fest. Ein Pfleger, der vor Ort wohnte, hatte darauf zu achten. Gemessen an anderen, sehr detaillierten Armenordnungen zur Lebensführung waren diese Bestimmungen mehr als maßvoll. Auch hier vertraute er auf das Pflichtgefühl des Einzelnen. Gelegenheit zum Über-die-Stränge-Schlagen hatten die Bewohner indes ohnehin nicht. Allein die bauliche Anlage verhinderte dies. Es gab keinen Schankraum, keinen begrünten Erholungsraum, keine Bänke und nicht einmal jenen Brunnen, der heute an der Schnittachse der Hauptgassen steht – er wurde erst 1599 errichtet. Damit blieb kein Raum für Versammlungen, gemeinschaftliche Aktivitäten, für Klatsch oder Tratsch.

So repräsentiert die Armensiedlung, die seit 1531 den Namen Fuggerei trägt, in ihrer baulichen Gestalt ganz den nüchternen, leistungsorientierten Geist Jakob Fuggers, der dank ihrer gleichzeitig sein Bild als Wohltäter der Stadt für alle Zeiten festschrieb, denn eine solch großzügige Stiftung erregte das intendierte Aufsehen von selbst. Sogar an eine ganzjährig betriebene kleine Krankenstation mit sechs Betten hatte er gedacht, die er in einem der Häuser in der Ochsengasse einrichten ließ. Zur Behandlung schwerer Erkrankungen wie der damals grassierenden Syphilis stand zudem in den Häusern der Herrengasse 40 bis 42 ein sogenanntes »Holzhaus« zur Verfügung, in dem Erkrankte kostenlos eine mehrwöchige Behandlung mit Schwitzbädern oder Aufgüssen aus Guajakholz erhielten. Dieses Holz besorgte Fugger über seine Faktoreien in Antwerpen, Lissabon und Sevilla aus Amerika und bot damit eine Alternative zur belastenden Syphilis-Behandlung mit Quecksilber.

Die Inschrift über den drei Haupttoren der Fuggerei verweist auf den »gemeinen Nutzen« des frommen Werks, das Jakob in seinem und seiner verstorbenen Brüder Namen errichtet hat: »1519. Die Brüder Ulrich, Georg und Jakob Fugger aus Augsburg, die davon überzeugt sind, zum Nutzen dieser Stadt geboren zu sein und sich verpflichtet fühlen, ihr vom allerhöchsten und gütigen Gott empfangenes Vermögen diesem wieder zu erstatten, haben aus Frömmigkeit und zum Vorbild hochherziger Freigebigkeit 106 Behausungen mit allen Einrichtungen ihren fleißigen, aber in Armut arbeitenden Mitbürgern geschenkt, gestiftet und geweiht.«

Die Fuggerei ist bis heute Jakob Fuggers prominentestes Werk geblieben. In Zeiten steigender Mieten ist sie aktueller denn je. Auch 500 Jahre später noch finden hier bedürftige Augsburger Bürgerinnen und Bürger katholischer Konfession (denn nur Katholiken beten das Ave Maria) für den Gegenwert eines Rheinischen Guldens – nämlich 88 Cent Jahreskaltmiete – und der im Stiftungsbrief genannten täglichen drei Gebete eine preiswerte Unterkunft.

Das Bauensemble erlitt während des Zweiten Weltkrieges schwere Verwüstungen, wurde aber sofort nach Kriegsende von der Familie Fugger in erweiterter Form wieder aufgebaut. Schon Ende des 19. Jahrhunderts hatte es Grundstückszukäufe im Westen des Geländes gegeben. Heute besteht die Fuggerei aus 67 Häusern mit 140 Wohnungen, die, mit modernen Bädern und Heizungen ausgestattet, dem neuen Wohnstandard entsprechen. Das lauschige Markusplätzchen, das im Sommer mit seiner Biergartenidylle lockt, entstand ebenfalls erst im Zuge dieses Nachkriegsausbaus. An den Bestimmungen Jakob Fuggers zur Aufnahme und zum Zusammenleben der Bewohner hat sich nichts geändert. Die Tore werden auch heute noch nachts um 22 Uhr geschlossen; wer zu spät kommt, muss dem Torwärter eine kleine Gebühr entrichten. Finanziert wird die Fuggerei, die als älteste Sozialsiedlung der Welt gilt, nach wie vor aus dem Stiftungskapital, das Jakob Fugger eingebracht hat und das heute ganz überwiegend aus Forsten und Grundbesitz besteht. Vertreter aller drei Fugger-Linien wachen im Familienseniorat gemeinsam über die Zukunft der Einrichtung, die ihr Vorfahr vor über 500 Jahren für »ewig Zeit« gestiftet hat.

DIE PRÄDIKATUR VON ST. MORITZ

Mit der Pfarrgemeinde St. Moritz verband die Familie Fugger eine lange gemeinsame Geschichte. Da ihre ersten Wohnhäuser und Liegenschaften im Einzugsbereich der Pfarrgemeinde lagen, vollzog sich ihr religiöses Leben in der Pfarrkirche von St. Moritz; hier wurden ihre Kinder getauft und ihre Verstorbenen beerdigt. Das Kanonikerstift gehörte zu den ältesten Einrichtungen der Stadt. 1019 hatte es Bischof Bruno, der Bruder des heiliggesprochenen Kaisers Heinrich II., als seine Grablege gestiftet und reich mit Liegenschaften dotiert. Schon wenig später diente das Stift auch der pfarrlichen Betreuung des wachsenden Stadtquartiers zwischen Perlach und St. Ulrich, wo sich bevorzugt bürgerliche Kaufmannsfamilien ansiedelten. Seit dem 12. Jahrhundert unterhielt das Moritzstift auch eine öffentliche Lateinschule, wodurch seine Bedeutung für die Stadtgemeinschaft noch stieg.

Die Kanoniker emanzipierten sich selbstbewusst vom Einfluss des Augsburger Domkapitels und besaßen seit 1178 das Vorrecht, ihren Propst (Vorsteher) selbst zu wählen und sich von bezahlten Vikarien in ihren Aufgaben vertreten zu lassen. Vor allem letztere Gepflogenheit führte immer wieder zu schwerem Verdruss: Die Pfarrkinder beklagten sich bitter darüber, dass die von den Pröpsten für die Seelsorge berufenen »Leutpriester« ihre Aufgaben vernachlässigten und schlecht oder gar nicht predigten. Zudem ging es wie immer ums liebe Geld, da die Pfarrgemeinde seit Ende des 13. Jahrhunderts über eine eigene Vertretung – die Zeche – an der Verwaltung von Kirchenvermögen und Spendengelder beteiligt war. Die Spannungen eskalierten am Vorabend der Reformation, als es um die Bestellung des »richtigen« Personals für Predigt und Gottesdienst ging. 1511 berief die Pfarrei eigenmächtig einen eigenen Mesner und errichtete ihm ohne Erlaubnis der Stiftsherren ein »Schlafhäuslein« auf Kapitelgrund. Überdies trat

Für seine Pfarrei St. Moritz setzte sich Jakob Fugger am Vorabend der Reformation besonders stark ein. Um eine akzeptable Gemeindeseelsorge zu gewährleisten, stiftete er eine Predigtstelle, auf die seine Familie bis heute das Vorschlagsrecht hält.

die Gemeinde in einen »Opferstreik« gegenüber dem Stift, da man mit dem bestallten Pfarrer Hans Fischer seit langem unzufrieden war. Da in der Pfarrgemeinde überwiegend reiche, weltläufige und gebildete Kaufleute – neben den Fuggern die Rehlinger, die Artzt, die Meuting und andere mehr – lebten, wollte man sich hier nicht mehr mit intellektuell unterfordernden Predigten abspeisen lassen. Nach langem hin und her fanden Bischof, Kapitel und Gemeinde einen Kompromiss: Mit der Berufung des gelehrten Theologen Johannes Speiser setzte die Pfarrgemeinde 1511 einen ihr genehmen Kandidaten für die Predigt durch. Doch nach Ablauf von dessen auf vier Jahre befristeter Amtszeit brach der Konflikt erneut auf.

Jakob Fugger schlug sich auf die Seite seiner Pfarrgemeinde. 1515 unterbreitete er den Vorschlag, die nächste freiwerdende Chorherrenpfründe fest mit dem Predigtamt zu verbinden und dieses mit 1000 Gulden aus der Pfarrgemeinde unterstützend zu finanzieren. Dafür sollte ihm und seinen Erben das Patronatsrecht, d. h. das Einsetzungsrecht für die Predigerstelle, übertragen werden. Günstigerweise saß mit Bernhard Artzt ein Schwager Jakob Fuggers im Stift, der bereit war, auf sein Kanonikat zu verzichten, um eine Schlichtung zu ermöglichen. Der Widerstand des Kapitels von St. Moritz gegen diese »innerfamiliäre Problemlösung« war umso heftiger; unter keinen Umständen wollten sich die Stiftsherren durch einen Laien in ihre inneren Angelegenheiten dreinreden lassen. Dennoch zog Fugger sein Vorhaben durch. Seine vorzüglichen Kontakte zur Kurie, die er über seine römische Faktorei ausspielte, erleichterten ihm dies. Nachdem im Mai 1516 Bernhard Artzt gegenüber dem Papst resigniert hatte, willigte Leo X. in das Vorhaben ein und stellte am 23. Januar 1517 eine diesbezügliche Bulle zu Gunsten Jakob Fuggers aus. Er verband die Chorherrenpfründe mit dem Predigtamt und überließ Fugger und seinen Erben gegen eine jährliche Zustiftung von 50 Gulden auf das Stiftungskapital das Präsentationsrecht. Stets sollte ein Theologe oder Doktor der Rechte die Predigtstelle besetzen und an allen Sonn- und Festtagen vormittags sowie am Mauritiusfest und in der Advents- und Fastenzeit predigen.

Allerdings stieß diese Bulle bei den Kanonikern von St. Moritz auf erbitterten Widerstand. Auch sie wandten sich nun nach Rom, um sich ihre althergebrachten Gewohnheiten zur Besetzung der Kanonikerstellen garantieren zu lassen. Rom ließ die Appellation zu.

Fugger wetterte in seinen Briefen an seine römischen Beauftragten gegen »die vom Kapitel zu St. Moritz eigenmächtigen Pfaffen, die gern Krieg und Unglück« sähen und nicht die Interessen der Gemeinde im Auge hätten. Der von ihnen bestallte Pfarrer sei »ein schwerer, verdrossener Mann«, der »weder zum Predigen, Beichten noch anderem gut ist« und nur »sein eigen Nutz« suchen würde. Er gab sich äußerst entschlossen: »Kraft der Bullen, so mir Päpstliche Heiligkeit verliehen hat, präsentier' ich, wen ich will, dem Kapitel!«

Beide Seiten fuhren in den folgenden Monaten schwere Geschütze auf, um ihrer Sache in der Öffentlichkeit Nachdruck zu verleihen. Die Stiftsherren gewannen für ihre Position den Bischof von Augsburg und die Herzöge von Bayern, Jakob Fugger hielt mit Kaiser und Papst dagegen. Den Ausschlag gab schließlich eine persönliche Audienz, die Jakobs Neffen Anton von Leo X. gewährt wurde und die ein neues, nun endgültiges Breve des Papstes vom 23. Juni 1518 zur Folge hatte. Jakob Fugger erhielt die Prädikatur über St. Moritz, das Kapitel wurde zum »Schweigen« verpflichtet, noch bevor in dem Rechtsstreit an der Kurie überhaupt verhandelt worden war. Kaiser Maximilian wies alle weiteren Bemühungen des Stiftes, seine Anliegen vor den Ständen des Reiches zu verfolgen, zurück.

Jakob Fugger hatte sich dank seiner guten Beziehungen zu den mächtigsten Männern seiner Zeit in vollem Umfang durchgesetzt. »Es geschieht ja nicht um eitle Ehre, Eigennutz noch um keiner anderen Ursache willen denn allein zur Förderung des Dienstes Gottes«, rechtfertigte er vor dem Kaiser sein Vorgehen. Zeit- und Kostenaufwand dafür waren allerdings immens: Dreieinhalb Jahre Streit und Ärger und Unkosten von fast 2000 Gulden hatten sie verursacht. Da die von der Pfarrgemeinde aufgebrachten 1000 Gulden damit längst aufgebraucht waren, übernahm Fugger die Mehrkosten allein.

Im September 1518 kehrte der gelehrte Theologe Johannes Speiser auf seinen Predigerposten in St. Moritz zurück und stimmte durch einen erneuten Vertrag mit Jakob Fugger unter Beteiligung der Gemeinde in die Neuregelung seiner Vergütung ein. Diese Bestimmungen fanden Eingang in den Stiftungsbrief von 1521. Speiser verzichtete auf die Zusatzbesoldung von 50 Gulden jährlich, die vom Patronatsherrn als »Notgroschen« einbehalten wurden, um bei Ausfall des Predigers durch Alter oder Krankheit einen Vertreter bezahlen zu können und dadurch die Seelsorge in der Pfarrei sicherzustellen, auch wenn die Chorherrenstelle noch nicht frei geworden war. Nutznießer dieser Regelung war die Pfarrgemeinde, die sich dauerhaft mit einer anspruchsvollen Seelsorge bedacht sehen wollte. Fugger begründete den Schritt mit dem Hinweis, die 50 Gulden ewigen Zinses seien ausgesetzt, »um dem gemainen folck zu Sant Maurizen zu nuz und gueter unterweisung« zu dienen. Und gleichzeitig erwartete er einen Vorteil für sein eigenes Seelenheil: »auch zu trost und hayl unsern und unser Nachkommen Seelen.«

Die Querelen um die Moritz-Prädikatur flammten durch die Ausbreitung der Reformation in der Stadt erneut auf. Die Mehrheit der Gemeinde sympathisierte mit Luthers neuer Lehre – der Patronatsherr blieb dem alten Glauben treu. Speiser, der zunächst recht engagiert evangelische Glaubensgrundsätze vertreten hatte und später wieder ins katholische Lager gewechselt war, konnte sich in der aufgeheizten Atmosphäre nicht halten. Er verließ Augsburg 1525 und Jakob Fugger berief mit dem Humanisten und Geistlichen Ottmar Nachtigall einen persönlichen Vertrauten auf den Posten. Nachtigall fungierte als sein Beichtvater und Testamentszeuge, spendete ihm am Sterbebett den letzten Trost. Er hatte an den namhaftesten Universitäten seiner Zeit studiert, darunter in Paris und Wien, galt als vielseitig talentiert, wirkte als Musiker und Griechischlehrer. Konfessionell versuchte der abgeklärte Humanist einen Spagat: einerseits evangelischen Forderungen gegenüber aufgeschlossen, andererseits fest auf dem Boden der altgläubigen Kirche stehend. Politisch stand er treu zu Kaiser und Papst, ganz wie sein Patronatsherr. Nach dessen Tod bekam er wegen seiner Haltung vom Rat der Stadt Predigtverbot erteilt und musste schließlich auf sein Amt verzichten. Danach wurden eine Zeit lang zwei Prediger berufen: einer für die katholische Minderheit, der andere für die evangelische Mehrheit der Pfarrei.

Über all diese mit heftiger Erbitterung geführten Auseinandersetzungen hinweg gelang es den Erben Jakob Fuggers, die Prädikatur über St. Moritz zu verteidigen. 1549 finanzierten sie sogar den Neubau des Ostchores der Moritzkirche. Nach dem Augsburger Religionsfrieden von 1555, der die Bikonfessionalität der Stadt festschrieb, gelang es ihnen wieder, das Predigeramt regelmäßig zu besetzen. Das Präsentationsrecht für den Pfarrer von St. Moritz ist der Familie bis heute geblieben.

Mit seinem Stiftungswerk gelang es Jakob Fugger, sein Bild in der Nachwelt zu verankern. »Den armen zu helfen, ist dieser Jakob Fugger sehr geneigt gewesen«, hielt das Ehrenbuch resümierend fest.

8 Stürmische Zeiten: Reformation und Bauernkrieg

Obwohl Jakob Fugger alles tat, um vor den Augen der Öffentlichkeit den »gemeinen Nutzen« seiner immensen Vermögensakkumulation zu rechtfertigen, wurde der Ton allmählich rauer. »Räuber«, »Wucherer«, »Dieb« scholl es ihm entgegen. Die Reformation, die neben religiösen auch gesellschaftliche Normen in Frage stellte, verschärfte den Disput. Doch es hatte schon eine ganze Weile vorher begonnen, dass sich kluge Köpfe mit der Frage der sozialen Gerechtigkeit auseinandersetzten.

DIE FRAGE NACH DER SOZIALEN GERECHTIGKEIT

Die Kirche hatte seit dem frühen Mittelalter eine restriktive Haltung zum Thema Kredit und Zins eingenommen. Gegründet auf das alttestamentarische Zinsverbot, hielt sie das Nehmen von Kreditzinsen für unredlich und unchristlich. Im kanonischen Recht war es folgerichtig verboten. Doch mit der Ausdehnung der internationalen Handelstätigkeit und der Entstehung kapitalintensiver neuer Wirtschaftsfelder wie dem Bergbau erschien diese rigorose Haltung als überholt. Für Großkaufleute und Fernhändler, die an allen Ecken und Enden der bekannten Welt ihre Geschäfte machten und ohne Kredite nicht mehr auskamen, stellte das Zinsverbot ein nicht zu unterschätzendes moralisches Problem dar. Die großen Handelshäuser in den Reichsstädten waren an einer Überarbeitung desselben daher äußerst interessiert.

So kam es Jakob Fugger sehr gelegen, dass der Ingolstädter Theologe Johannes Eck in seinen Vorlesungen über Wirtschaftsethik 1514 dafür plädierte, das Zinsverbot aufzuheben, und seine diesbezüglichen Ansichten bei einem Vortrag im Augsburger Karmeliterkloster persönlich vertrat. Durch Vermittlung Konrad Peutingers, der Eck schätzte und förderte, bestellte Fugger im Anschluss an die Disputation ein Rechtsgutachten bei dem Theologen, in welchem dieser eine überraschend modern anmutende Verteidigungsstrategie entwickelte: Da der Handel der Befriedigung menschlicher Grundbedürfnisse diene, sei er nicht von vornherein zu verurteilen. Auch das Zusammenschließen von Individuen zu Handelsgesellschaften sei zu billigen, sofern sie keine Monopole anstrebten. Einen fünfprozentigen Gewinn aus Geldgeschäften hielt Eck daher für legitim, denn dieser sei als »gerechter Preis« für die Kapitalinvestition zu sehen. Man müsse unterscheiden zwischen wucherischen und nicht wucherischen Zinsen und dürfe den verwerflichen Vorsatz des Wuchers nicht einfach bei jeder Art des Handels voraussetzen.

Mit dieser wirtschaftsliberalen Haltung stieß der Ingolstädter Theologe allerdings nicht überall auf Gegenliebe. Er sandte seine Schrift an die theologischen Fakultäten diverser Universitäten, erhielt aber darauf wenig Resonanz. Er arbeitete seine Argumentation im »Großen Zinstraktat« bis März 1515 weiter aus. Im Sommer bezahlte ihm Fugger eine Reise nach Bologna, wo eine Disputation über die Zinsfrage mit dem Augsburger Dominikanerprior Johannes Faber stattfinden sollte. Doch Eck erreichte nicht viel. Allzu offensichtlich war die Patronage Fuggers, der ihn auf seiner Italienreise durch Faktoren und Freunde begleiten ließ. Die Kirche blieb offiziell bei ihrem Verbot, aber sie duldete unter der Hand die längst gängige Praxis des Zinsnehmens, die sie ohnehin nicht mehr verhindern konnte.

Damit hätte das Thema abgeräumt sein können. Doch mit Ausbruch der Reformation stellten sich erneut die großen Fragen nach »gerechtem Preis« und »gerechtem Lohn«. In Eck sahen fortschrittliche Geister ohnehin nur den Büttel der Neureichen. Luther hatte mit der Veröffentlichung seiner 95 Thesen gegen das Ablasswesen die alte Kirche bis ins Mark erschüttert. Aber rasch traten auch andere Felder des sozialen Zusammenlebens in seinen Gesichtskreis. Vom Reichtum der Fugger hatte er sich bei seinem Verhör durch den päpstlichen Kardinallegaten Cajetan im Oktober 1518 selbst überzeugen können: Die Gespräche fanden in Fuggers Palast am Weinmarkt statt, wo der päpstliche Legat standesgemäß logierte.

Über den Weg gelaufen sind sich der bescheiden lebende Augustinermönch und der erfolgreiche Kaufmann dabei zwar nicht, doch mit welchem Prunk sich der »König der Kaufleute« umgab, war offensichtlich. Luther konnte einfach nicht begreifen, wie man in so kurzer Zeit so reich werden konnte. »Wie man mit hundert Gulden mag des Jahres erwerben zwanzig, ja ein Gulden den anderen und alles nicht aus der Erden oder von dem Vieh«, konnte er nicht nachvollziehen, aber »das weiß ich wohl, das viel göttlicher, Ackerwerk mehren und Kaufmannschaft mindern, und die viel besser tun, die der Schrift nach die Erde arbeiten und ihre Nahrung daraus machen«. Schon 1519 begann er, sich mit den Themen Zins und Wucher auseinanderzusetzen. In seinen Schriften, die, als Flugblätter mit eingängigen Holzschnitten versehen, große Verbreitung im Volk fanden, kam er immer wieder darauf zurück. Wortgewaltig wie stets prangerte er das Gewinnstreben der großen Handelsgesellschaften an und forderte in seiner Programmschrift »An den christlichen Adel deutscher Nation« (1520), den »Fuggern und dergleichen Gesellschaften einen Zaum ins Maul« zu legen. Für ihn war das Zinsnehmen von vornherein eine unchristliche Praxis, denn dem Bedürftigen etwas zu leihen ohne Gegengabe, sei ein Gebot der Nächstenliebe. Die Preisgestaltung durch Angebot und Nachfrage lehnte er rundheraus ab: »Das ist dem Geiz der Raum gemacht und der Hölle alle Tür und Fenster aufgetan«, glaubte er. 1524 verstieg er sich zu der Aussage: »Kaufhandel (ist) nichts anderes … als den anderen ihr Gut rauben und stehlen.«

Mit dieser antikapitalistischen Fundamentalkritik tat sich ein neuerlicher Bruch in der bürgerlichen Gesellschaft auf – alle, die mit Luther sympathisierten, folgten seiner Haltung gegenüber Zinsen und Handel; die Anhänger der alten Kirche hielten es mit der moderateren Einstellung Johannes Ecks, der zumindest in Grenzen die gängige Praxis zu tolerieren bereit war. Eck erntete von Nürnberger Humanisten wie Willibald Pirchkheimer und Christoph Scheurl d. J. heftigsten Spott und Widerspruch und wurde damit erst recht zum Gegenspieler Luthers stilisiert.

Luthers Sermone gegen den Wucher

Als Reaktion auf Ecks Initiativen zur Lockerung des kirchlichen Zinsverbotes veröffentlichte Martin Luther zwei Schriften, die als Flugblätter weite Verbreitung fanden: Im November 1519 erschien »Ein Sermon von dem Wucher«, bekannt als Kleiner Sermon, und Anfang 1520 eine erweiterte Fassung davon, der sog. Große Sermon von dem Wucher. Darin wandte sich Luther gegen jede Form der Zinsnahme, sowohl bei Waren- als auch bei Darlehensgeschäften. Hypotheken auf Grund und Boden, die den Verschuldeten mit ihren hohen Zinsen in den Abgrund rissen, waren ihm das größte Ärgernis. Solche Kredithaie nannte er »Räuber und Wucherer« und prophezeite ihnen einen unnatürlichen, jähen Tod.

Aufbauend auf Jesu Bergpredigt, entwarf Luther im Gegenzug ein christliches Utopia: Jedem Bedürftigen sollte umsonst gegeben werden, Leihen sollte ohne Zins erfolgen, und was jemandem mit Gewalt entwendet worden war, sollte dieser mit Liebe fahren lassen. »Du sollst leihen ohn allen Aufsatz deinem Nächsten. Dazu, so er's bedarf, auch geben ganz umsonst. Tust du es nicht, so bist du auch kein Christenmensch, und wirst deinen Himmel hie auf Erden empfangen haben.« Luther schlussfolgerte: »Denn christlicher Handel und Wohltun mit zeitlichem Gut steht in den dreien: geben umsonst, leihen ohne Aufsatz, und mit Liebe fahren lassen.«

Obwohl diese Haltung den Bedürfnissen einer wachsenden Weltwirtschaft nicht gerecht wurde, fand sie gerade in der breiten Masse großes Gehör und befeuerte die Vorbehalte gegen die Handelsgesellschaften im Allgemeinen. In der Monopolklage fand sich ein breites Bündnis aus Reichsritterschaft und Landesfürsten zusammen, um, gestützt auf die öffentliche Stimmung im Land, die Macht der großen Handelshäuser zu beschneiden. Nur mit Mühe konnten die Vertreter der Reichsstädte diesen Angriff abwehren. Doch die Frage

Mit Beginn der Reformation stellte sich die Frage nach der sozialen Gerechtigkeit mit neuer Heftigkeit. Martin Luther lehnte das Zinsnehmen leidenschaftlich ab. Hier ist ein Geldverleiher mit Knüppel zu sehen, dem die Worte »bezahl oder gib Zins« in den Mund gelegt sind. – Titelholzschnitt zu Luthers Werk »Ein Sermon von dem Wucher«, 1519.

nach der sozialen Gerechtigkeit war damit nicht abschließend geklärt. Im Bauernkrieg brach sie sich erneut und mit großer Vehemenz Bahn.

Angesichts der äußerst erregten Stimmung im Land ließ sich in dieser Frage keine Kompromissformel mehr finden. Im Gegenteil: Es öffneten sich alle Schleusen der Missgunst. Der Reichsritter und gefeierte Poet Ulrich von Hutten schoss sich regelrecht auf die Fugger ein. Die ganze Verderbnis seiner Zeit, Korruption, Münzverschlechterung und Inflation, schob er auf eine Person, ohne die ökonomischen Zusammenhänge dahinter zu erkennen. In seinem 1521 veröffentlichten Dialog »Die Räuber« bezeichnete er Jakob Fugger unverhohlen als schlimmeren Straßendieb als jeder gewöhnliche Raubritter. Mit seinem Gold verdürbe er die Sitten, rücksichtslos suche er nur seinen Vorteil, spiele durch sein finanzielles Übergewicht jeden Wettbewerber an die Wand. Er sei schuld an den steigenden Safran- und Pfefferpreisen und plündere Deutschland durch die Unterstützung der Kurie aus. »Man findet bei ihnen Bullen, und Dispensen gehen durch die Bank, und es ist auf keine Weise leichter, das Priestertum zu erreichen, als wenn Du die Fugger zu Freunden hast«, polterte er. Reine Polemik, doch der seit Jahren an Syphilis Erkrankte brauchte wohl nicht zuletzt einen Sündenbock für sein eigenes Unglück.

DER MONOPOLSTREIT

Unter diesen Umständen nahm auch eine alte Debatte wieder Fahrt auf, die bislang auf den Reichstagen zwar angerissen, doch noch unter Kontrolle gehalten worden war: 1512 hatte der mächtige norddeutsche Kaufleute- und Städtebund der Hanse Klage gegen die oberdeutsche Konkurrenz erhoben und auf einem Reichstag ein Reichsgesetz erstritten, das Monopole verbieten sollte. Den sogenannten »Fürkauf« – den Warenkauf auf Vorrat zum Zwecke des späteren Gewinns – machte man für Preistreiberei und infolgedessen für die Verelendung breiter Bevölkerungsschichten verantwortlich. Eigentlich hatten schon die Wahlkapitulationen Kaiser Karls V. dazu verpflichtet, »die großen Gesellschaften der Kaufgewerbsleut, so bisher mit ihrem Geld regieret«, »abzutun«, also abzuschaffen. Doch lange war nichts passiert; verständlich bei einem Kaiser, der so sehr abhängig war von Fremdkapital wie er. Nun, unter dem Eindruck der sich ausbreitenden Reformation, ließ sich das Thema nicht mehr unter Verschluss halten und fand auf die Tagesordnung des 1522/23 tagenden Nürnberger Reichstags. Einige Fürsten und auch die Reichsritterschaft blickten schon seit langem neidvoll auf den Reichtum der bürgerlichen Kaufleute, die mit ihrem Geld Politik betrieben. Ihre Bemühungen gingen dahin, Kapitaleinlagen der Handelsgesellschaften auf 50.000 Gulden zu begrenzen und die Aufnahme von Fremdkapital ganz zu verbieten. Das wäre faktisch einer Auflösung aller großen Handelshäuser gleichgekommen und hätte damit auch die Zahlungsfähigkeit der Habsburger ernsthaft bedroht.

Mit dem Augsburger Humanisten Konrad Peutinger trat nun eine profilierte und weithin geachtete Persönlichkeit für die oberdeutschen Handelshäuser in den Ring. Der 1465 geborene Sohn einer angesehenen Augsburger Kaufmannsfamilie fühlte sich nicht nur durch Herkunft und Stand den Kaufleuten eng verbunden, sondern war als glänzender Jurist und langjähriger Stadtschreiber Augsburgs mit seiner beruflichen Erfahrung geradezu prädestiniert, für diesen Fall eine Gegenstrategie zu entwerfen. So arbeitete er für den Reichstag ein Gutachten aus, um die Schläge abzuwehren. Er entwickelte dazu ein Konzept, das auf dem Prinzip der freien Marktwirtschaft basierte. Es nütze nichts, wenn man die oberdeutschen Großfirmen abschaffe, argumentierte er, denn dann würden ausländische Kaufleute die Lücke füllen. Nur die ausländischen Obrigkeiten würden daraus Nutzen ziehen. »So will von Natur jeder Kaufmannshandel, wo der redlich geschieht, frei sein«, schlussfolgerte er daraus. Der kapitalintensive Bergbau wäre ohne die Investitionen der Großkaufleute nicht möglich gewesen, gab er zu bedenken. Und von der Blüte des Montansektors profitierten schließlich viele Menschen, nicht nur die Investoren. »Der gemeine Mann, der fast überall von denselben und vermöglichen Leuten vornehmlich seine Nahrung zieht, hat eher Ursache, die reichen Gesellschaften zu preisen, als sich über sie zu beschweren.« Der Großhandel habe viele tüchtige Kleinkaufleute emporgeführt. Außerdem führe die

Konkurrenz der Handelshäuser untereinander doch wohl eher zu sinkenden Preisen, statt zu steigenden. In Summa war für Peutinger der Eigennutz der Kaufleute mit dem öffentlichen Wohl zu vereinbaren.

Mit seiner Strategie hatte er Erfolg: Eine Begrenzung der Kapitaleinlagen für große Handelsfirmen setzte der Reichstag nicht durch; dafür verhängte er einen ebenso ärgerlichen vierprozentigen Einfuhrzoll. Zugleich wurden Angehörige der reichsten Kaufmannsfamilien 1523 wegen einzelner Monopolvergehen verklagt, darunter auch die Fugger. Noch einmal schien alles auf Messers Schneide zu stehen. Am Augsburger Rathaus wurden die Namen jener angeschlagen, die sich vor dem Reichsgericht zu verantworten hatten: Jakob Fugger, Bartholomäus Welser, Ambrosius Höchstetter, Christoph Herwart, Andreas Grander und Andreas Rem – die Crème de la Crème der Augsburger Kaufmannschaft.

Jetzt, wo es ums Ganze ging, setzte Fugger auf seine persönlichen Beziehungen zum Hause Habsburg. Die großen Reichsstädte, die von dem Vorgehen des Reichstags insgesamt betroffen waren, schickten gemeinsam eine Gesandtschaft zum Kaiser nach Spanien. Jakob Fugger erinnerte Karl V. schriftlich daran, wie sehr er von seinem Geld abhängig sei und wie sehr es in seinem Interesse liege, die Gesellschaften zu schützen. Er erinnerte ihn selbstbewusst an seine Lage 1519: »Denn wenn ich hätte vom Hause Österreich abstehen und Frankreich fördern wollen, so hätte ich viel Geld und Gut erlangt, wie mir denn solches auch angeboten worden ist.« Da der Kaiser wie stets Geld benötigte – für seinen Kampf gegen die Osmanen ebenso wie für die Ausstattung seiner spanischen Molukkenflotte –, hielt er seine schützende Hand über die Gesellschaften. Er beendete die unglückselige Debatte mit dem Madrider Edikt vom 10. März 1525. Darin wies er die Klagen gegen die Handelsgesellschaften ab, hob den Reichszoll auf und rühmte den Bergbau »als größte Gab und Nutzbarkeit« des Reiches. »Etliche Hunderttausend Menschen, alt und jung, auch Weiber und Kinder«, fänden durch ihn Arbeit und Brot, dazu »viele andere Leute« wie Fuhrmann, Wirt,

Bürger, Bauer, Handwerksmann, die sich aus ihm »männiglich ernähren«. Damit schwenkte er ganz auf die Argumentationslinie der großen Handelshäuser ein und betonte den »gemeinen Nutzen« ihres Wirkens – ein letzter Triumph für Jakob Fugger!

DER BAUERNKRIEG

Mit einer reinen Basta-Politik wie sie Karl V. pflegte, um die Monopolklage abzuschmettern, kam man indes nicht weiter. Zu groß war das Elend inzwischen im Volk gewachsen. Eine Reihe von Missernten und Hungersnöten zu Beginn des Jahrhunderts hatte die Leidensfähigkeit der Bauern erschöpft. Unter dem Eindruck von Luthers neuer Lehre begehrten sie auf und forderten, ausgehend von der Grafschaft Stühlingen im südlichen Schwarzwald, seit Juni 1524 Abgabenerleichterungen, freie Pfarrerwahl und das Abstellen kirchlicher Missstände. In Oberschwaben bildeten sich im Frühjahr 1525 erste bewaffnete Haufen der Bauern, um ihren politischen Forderungen, die sie in den sogenannten Memminger Artikeln formulierten, stärkeren Nachdruck zu verleihen. Sie verlangten eine Reduzierung der Abgaben, Pachten, Zehnten und Frondienste sowie eine stärkere Beteiligung am Allgemeingut Wälder, Wasser, Weiden, zusammen mit Änderungen in der Kirchenverfassung wie der freien Pfarrerwahl – stießen damit aber auf den hartnäckigen Widerstand des Adels. Das Reich stürzte in den schwersten bewaffneten Bauernaufstand, den es je erlebt hatte.

Jakob Fugger sah sein Lebenswerk plötzlich nicht mehr nur von Theologen und Wirtschaftsethikern wie Luther in Frage gestellt, sondern auch von Seiten des »gemeinen Manns« insgesamt, denn es waren nicht allein die oberschwäbischen, thüringischen und Tiroler Bauern, die zu den Waffen griffen, um sich Recht und Gehör zu verschaffen, sondern auch Hauer und Bergknappen der Erzabbaugebiete. Sie alle einte die tiefe Ablehnung von Großunternehmen nach dem Schlage Fuggers, die sie für Teuerung, Münzverschlechterung und Verarmung breiter Bevölkerungskreise verantwortlich machten.

Die Bauern fühlten sich durch eine Vielzahl von Abgaben und Frondiensten stark unterdrückt, fanden mit ihren Beschwerden bei ihren Grundherren aber wenig Gehör. 1525 wagten sie schließlich den offenen Aufstand. – Holzschnitt vom sog. Petrarca-Meister, um 1519.

In die Beschwerden der Bergknappen mischte sich überdies eine gehörige Portion fremdenfeindlicher Ressentiments, die man in Tirol oder im Königreich Ungarn gegen die landfremden Großkaufleute und -investoren pflegte und die von den jeweiligen Landesbehörden unterstützt wurden.

Die physische Existenz der Fuggerschen Besitzungen war unmittelbar bedroht. Nicht nur, dass ein Bauernheer vor den Toren der Stadt Weißenhorn lag und das Umland mit dem Kloster Roggenburg plünderte; sehr viel schmerzlicher nahm sich der Verlust des Grubenbesitzes im Alpen- und Karpatenraum aus – dem Quell allen Fuggerschen Reichtums. In Tirol erhoben sich die Schwazer Knappen bereits zu Beginn des

Jahres 1525, im Mai folgte die Erhebung der Südtiroler unter Führung des Sterzinger Gewerken-Sohnes Michael Gaismair. Die Forderungen, die die Aufständischen auf einem gemeinsamen Landtag an Pfingsten 1525 als Meraner Artikel verabschiedeten, hatten es in sich: »dieweil so viele große Gesellschaften entstanden und alles, des man bedarf, von den Gesellschaften kaufen muss, auch dem gemeinen Lande zu größerem Verderben kommt, ist zu begehren, dass solche Gesellschaften, es seien kleine oder große, abgestellt werden. Sonderlich ist dem Fugger, Höchstetter, Welser und allen Gesellschaften im Lande kein Silberkauf zu gestatten«, hieß es darin. Gaismair ging später noch einen Schritt weiter und empfahl in einer »Zweiten Landesordnung«, die als Entwurf für eine neue Landesverfassung dienen sollte, die Verstaatlichung sämtlicher Schmelzhütten, Bergwerke und ihres Zubehörs. Über die Bodenschätze sollte allein die aus gewählten Vertretern bestehende Gemeinde verfügen.

Am weitesten gediehen die Unruhen in Ungarn, wo die Bergarbeiter seit Frühling 1525 aufgrund von Münzverschlechterung und Preissteigerung zu den Waffen griffen. Obwohl ihnen der Fuggerfaktor Hans Ploss die Verdoppelung ihrer Löhne zusagte, arbeiteten sie nicht weiter. Die ungarische Krone sah in dem Aufstand eine Möglichkeit, sich endlich von dem lästigen fremden Kapital zu lösen, von dem sie abhängig war, und nutzte die Gelegenheit, die Fugger-Thurzo-Bergwerke in Neusohl im Juni zu beschlagnahmen und unter eigene Kontrolle zu stellen. Die Faktorei in Ofen wurde geplündert. Mit einem Handstreich war alles weg: Der ertragreiche ungarische Handel hatte sich in Luft aufgelöst.

Für Jakob Fugger kam dies einem Schlag in die Magengrube gleich. Er fühlte sich nicht nur um seinen Besitz gebracht, sondern auch von allen Seiten in seiner Ehre als Kaufmann angefochten. Er machte in Luther den Verursacher allen Übels aus, er sei »dieser Aufruhr, Empörung und Blutvergießen in deutscher Nation ein Anfang und Ursächer«, schrieb er in einem Brief an Herzog Georg von Sachsen. Kurzfristig musste er der religiösen Unruhen wegen, die 1524 aufgrund der drohenden Ausweisung eines reformatorischen Predigers auch die Stadt Augsburg ergriffen hatten, nach Biberbach ausweichen. In die Enge getrieben, unterstützte er vorbehaltlos Kaiser, Kirche, Reich. 10.000 Gulden stellte er dem Feldherrn des Schwäbischen Bundes, Georg Truchsess von Waldburg, zur Niederschlagung des Bauernaufstandes zur Verfügung. Auch Erzherzog Ferdinand, dem Bruder Kaiser Karls V. und Landesherrn von Tirol, gewährte er immer wieder Kredite, um die Unruhen militärisch niederzuschlagen. Den blutigen Erfolg seiner Finanzspritzen konnte er auf den leichenübersäten Schlachtfeldern des Bauernkrieges nachzählen.

9 Die letzte Reise

Bis zum letzten Atemzug kämpfte Jakob Fugger verbissen um die Restitution seines ungarischen Besitzes. Er setzte alle diplomatischen Hebel in Bewegung, um das Unrecht, das ihm widerfahren war, zu tilgen. An allen maßgeblichen Stellen – Fürsten, Kaiser, Papst – versuchte er, seine Position zu rechtfertigen und Unterstützung zu finden. Doch erst im November 1525 zeigte sich der ungarische Hof verhandlungsbereit. Zu diesem Zeitpunkt lag Jakob allerdings bereits auf dem Krankenlager.

Der abnehmenden Gesundheit des alternden Firmenchefs waren die Aufregungen des Jahres 1525 alles andere als zuträglich gewesen. Wie das Ehrenbuch berichtet, litt er schon seit geraumer Zeit an einem »Gewächs an seinem Leib unterhalb des Nabels«, das er auf Anraten seiner Ärzte »hätte lassen schneiden sollen«, was er aber ausgeschlagen »und die Sach seinem Gott befohlen« habe. Im Oktober kam noch ein heftiges Fieber dazu, das ihn ans Bett fesselte. Immer stärker zeichnete sich in diesen Wochen ab, dass der Lebensweg des Patriarchen bald sein Ende finden würde.

Als am 19. Dezember 1525 Erzherzog Ferdinand am Hause seines Bankiers am Weinmarkt mit festlichem Gefolge vorbeizog, um einen österreichischen Generallandtag in Augsburg zu eröffnen, ließ er alle Posaunen und Pauken beim Einzug schweigen, um dem Todkranken keine Umstände zu bereiten. Dem Bankier war es nicht mehr möglich, den Erzherzog zu empfangen. Er wartete längst auf die Ankunft eines anderen Herrn.

DAS TESTAMENT VOM 22. DEZEMBER 1525

Völlig entkräftet ließ sich Jakob Fugger am 22. Dezember morgens um neun Uhr in eine kleine Stube neben der Hauskapelle seines Stadtpalastes bringen, um dort sein Ende zu erwarten und sein letztes vollgültiges Testament zu verfassen. Dies erschien dringend geboten, da seit der ersten Testamentsabfassung von 1521 vier Jahre vergangen und inzwischen

Änderungen in der Erbfolge eingetreten waren: Da der älteste Sohn Ulrich Fuggers, Ulrich d. J., im Mai 1525 in Schwaz verstorben war, standen für die Nachfolge Jakobs nur noch drei Neffen zur Verfügung: der zweite Sohn Ulrichs d. Ä., Hieronymus, sowie die beiden Söhne Georg Fuggers, Raymund und Anton. Die Firma brauchte in den Wirren der Zeit eine starke Führungspersönlichkeit, um die Geschäfte erfolgreich fortzusetzen. So ließ Jakob seine Neffen zu sich rufen, ihnen vor zwei Notaren und mehreren Zeugen seinen letzten Willen verlesen und das Dokument im Anschluss unterzeichnen. 21 Papierbögen umfassten seine Verfügungen, die er »schwachen Leibs und liegend, aber dennoch von den Gnaden Gottes gebreuchiger Vernunft« nicht verlassen zur Kenntnis gab.

Bei klarem Verstand regelte Jakob Fugger seine Nachfolge: Alle drei Neffen bestimmte er zu je einem Drittel zu Universalerben seines Nachlasses. Im Falle des Todes eines der Erben sollten seine männlichen Nachkommen seine Anteile übernehmen; falls jedoch einer von ihnen – wie Hieronymus – kinderlos bliebe, fiel sein Erbteil zu gleichen Teilen an die beiden überlebenden Vettern und deren Söhne zurück. Gleichzeitig schloss er eben jenen Hieronymus, der »bislang im Handel nicht sonders brauchsam gewesen noch sich selbst des Handels viel angenommen hat«, außerdem unverheiratet und ohne Nachkommen geblieben war, von der Geschäftsleitung aus und ernannte Anton und Raymund, die er im Laufe ihrer Ausbildung zu schätzen gelernt hatte, zu alleinigen »Regierern« der Firma. Auf ihren Schultern, die »mir bisher im Handel beholfen gewest sind«, sollten »hinfüro nach meinem Tod Last, Mühe und Arbeit« des Handels liegen. Doch weil Raymund von schwächlicher Gesundheit sei, solle Anton die volle Geschäftsführung zufallen; er solle die Firma als »Alleinregierer« übernehmen, aber beraten von Raymund. Damit hatte Jakob klare Verhältnisse in der Unternehmensführung geschaffen, um – wie er in der Einführung seines Testamentes erklären ließ – keine »Irrungen, Uneinigkeiten und Missverständnisse« unter den Erben aufkommen zu lassen.

Das Epitaph für Jakob Fugger in der Grabkapelle von St. Anna zeigt die Doppellilie zwischen antikischen Kriegern, gefesselten Gefangenen und Trophäen. Die allegorisch-heraldische Gestaltung des Monuments sollte auf die irdische Vergänglichkeit und die Unsterblichkeit des Ruhms hinweisen.

Doch sein letzter Wille umfasste mehr als nur den geschäftlichen Bereich. Als guter Christ und Katholik sorgte er sich um sein Begräbnis in St. Anna ebenso wie um die Zukunft seiner Stiftungen von 1521, um seine Verwandten und Handelsdiener und selbstverständlich um sein eigenes Seelenheil, das er durch Gebetsleistungen gesichert sehen wollte. Überaus reich nahmen sich daher seine Seelgeräte aus, die er zugunsten von Armen, Kirchen und Klöstern aussetzte und die im Umfang gegenüber seinem ersten Testament deutlich erhöht wurden. Kein Kloster, kein Siechenhaus, kein Spital der Stadt wurde vergessen. Waise, Kranke, Notleidende aller Art erhielten ihre Gaben mit der Auflage, für den Spender zu beten: einen rheinischen Gulden für jeden Spitalinsassen von St. Sebastian, St. Wolfgang, St. Servatii und jeden Bewohner des Siechen- und Blatternhauses, jeweils einen Gulden für die Mönche von St. Anna »zur Aufbesserung ihrer Kutten«, 32 Gulden für die Nonnen des Dominikanerinnenkloster zu einer »guten Mahlzeit«, einen halben bis einen ganzen Gulden für die Bewohner der Häuser am Kappenzipfel, je nachdem, ob sie Kinder hatten oder nicht, 30 Kreuzer für jeden Priester und Benefiziaten der Frühmesse im hohen Dom. Auch in den Grafschaften und Herrschaften von Weißenhorn, Kirchberg, Pfaffenhofen, Wiblingen, Biberbach und Schmiechen sollten eine Vielzahl von Totenmessen gelesen, Almosen und Spenden verteilt werden.

Die Großzügigkeit Jakob Fuggers überschritt das bislang gängige Maß. Der venezianische Gesandte Contarini berichtete in die Lagunenstadt, der Firmenherr habe 26.000 Gulden »per l'amor di Dio« gespendet; der Chronist Clemens Sender kalkulierte um die 10.000 Gulden. Neuere Schätzungen gehen von einer Mindestsumme von 6000 Gulden aus, die Jakob Fugger um Gottes Willen verteilen ließ – eine außergewöhnliche Summe für einen außergewöhnlichen Mann.

Aber auch seine engsten Mitarbeiter und Verwandten vergaß er nicht zu bedenken. Noch vor seiner Verwandtschaft benannte er den Kreis seiner engsten Augsburger Handelsdiener, »ein jeglicher lange, auch viel treulich gedient hat«, die

Jakob Fuggers Büste steht heute in seiner prominentesten Stiftung, der Augsburger Fuggerei. Die Bronzeplastik ist ein Abguss der in der Walhalla bei Donaustauf, dem »Ruhmestempel der Deutschen«, aufgestellten Gipsbüste.

mit Aufmerksamkeiten bedacht werden sollten. Für seine weiblichen Verwandten steigerte er die ausgesetzten Legate gegenüber seinem ersten Testament noch einmal deutlich. Im Schnitt bekam jede Fuggerin über 5000 Gulden. Seiner Frau Sibylla setzte Jakob ein großzügiges Legat von 20.000 Gulden aus und räumte ihr das lebenslange Nutzungsrecht in einem der Häuser am Weinmarkt mitsamt dem Hausrat und an den

Gärten vor dem Barfüßertor ein. Zugleich bekam sie ihr Heiratsgut und ihre Morgengabe von 5000 Gulden zurück, Silbergeschirr im Wert von ebenfalls 5000 Gulden übertragen, dazu Betten und Bettstatt, »darin wir bei und miteinander gelegen sind«, sowie Kleidung und Geschenke, die während ihrer Ehe an sie gefallen waren. Nach ihrem Tod sollten Haus und Gärten an Fuggers Neffen zurückfallen, die dafür Sibyllas Erben 10.000 Gulden als Ausgleich zu zahlen hatten. Im Falle ihrer Wiederverheiratung bekam sie allerdings weniger: neben der Rückerstattung ihres Heiratsgutes nur 10.000 Gulden in bar sowie das Silbergeschirr im Wert von 5000 Gulden. Jakob billigte seiner Frau jedoch ausdrücklich das Recht zu, gegen das Testament Einspruch zu erheben, falls sie sich benachteiligt fühlte.

Dennoch fällt auf, dass gegenüber dem ersten Testament von 1521 einige Bestimmungen fehlen: So sind die in der ersten Testamentsfassung genannten Schmuckstücke nicht mehr aufgeführt, auch nicht das Nutzungsrecht an der Hauskapelle und den Kirchenstühlen in diversen Augsburger Kirchen, ebenso wenig das Anrecht auf Jakobs besten Rock. Es hat den Anschein, dass Jakob Fugger zum Zeitpunkt seines Todes schon mit einer erneuten Heirat Sibyllas rechnete.

Unter den Zeugen, die das Dokument beglaubigten, befand sich auch der Patrizier Konrad Rehlinger, der in der Tat nur sieben Wochen nach Jakob Fuggers Tod die Witwe Sibylla zur Frau nahm. Offenbar genoss er dennoch die Gunst Jakobs bis in die Todesstunde, da dieser seine Erben anwies, ihm eine »Verehrung« auszubezahlen. Die Querelen um Sibyllas Erbe konnte Jakob nicht verhindern. Seine Neffen vollzogen aber das Testament in seinem Sinne und fanden nach zunächst harschen Auseinandersetzungen nach der Verheiratung Sibyllas einen Kompromiss mit ihrer verwitweten, wiedervermählten Tante. Sie überließen ihr 10.000 Gulden in bar, erstatteten 5000 Gulden Heiratsgut zurück und kauften ihr um weitere 5000 Gulden das vereinbarte Silbergeschirr ab. Sibylla gab neben dem Hausrat auch das vermachte Bett und die Bettstatt zurück. Im Gegenzug verzichtete das Ehepaar

Rehlinger auf alle Rechte an den Immobilien. Damit war alles, was an »Worten und Werken« zwischen den streitenden Parteien vorgefallen war, abgetan.

DIE TODESSTUNDE

Erst jetzt, nachdem alles beglaubigt und schriftlich niedergelegt war, konnte Jakob Fugger ans Sterben denken. Der Prediger und Theologe Ottmar Nachtigall harrte bei ihm aus und las ihm aus dem Evangelium das Leiden und Sterben Jesu Christi vor. Jakob empfing die Sterbesakramente und verbrachte seine letzten Tage mit Gebet und Andacht. In der Nacht zum Samstag fiel er in einen tiefen Schlaf, aus dem er nur noch einmal erwachte; er bat darum, umgebettet zu werden. Eine Magd erfüllte seinen Wunsch und drehte ihn auf die andere Seite. Danach schlummerte er wieder ein und verschied still und leise in den frühen Morgenstunden des 30. Dezember 1525.

Als die Glocken die vierte Morgenstunde verkündeten, ging nicht nur in Augsburg eine Ära zu Ende: Jakob Fugger war tot und die Welt, in der er aufgewachsen war, nahm er ein Stück weit mit ins Grab. Reformation und Bauernkrieg, die Entdeckung der Neuen Welt und die Erfindung des Buchdrucks hatten sie so gründlich verändert, dass man von einer Zäsur sprechen kann. Die Einheit der katholischen Kirche ging zu Bruch, Kaiser und Papst stellten keine unhinterfragten Autoritäten mehr dar. Staatshaushalte und Kriegführung hingen mehr und mehr von der Solvenz der Monarchen ab und von ihrem Geschick, Kredite zu organisieren. Jakob Fugger hatte bis zuletzt das Haus Habsburg unterstützt – und dennoch den Zorn seiner Zeitgenossen auf Kirche, Papst und Kaiser nicht aufhalten können. Der Bauernkrieg hatte ihn Demut gelehrt. So wenig, wie er sich einen Kaiser »kaufen« konnte, so wenig konnte er sich Ruhe und Stabilität im Reich erwerben. Zuletzt blieb nur die Flucht in spätmittelalterliche Frömmigkeitsformen. Doch diese erfüllten offenbar ihren Zweck: Jakob Fugger schied mit sich im Reinen aus dieser Welt. Seine Stiftungen sorgten dafür, dass er über alle Zeiten

Anton Fugger, hier im Alter von etwa 32 Jahren, führte die Geschäfte in der Nachfolge seines kinderlosen Onkels erfolgreich weiter. Vorausschauend leitete er die Liquidation der Firma und die planmäßige Umschichtung des Kapitals in Landbesitz ein. – Ölgemälde von Hans Maler von Schwaz, 1525.

hinweg in guter Erinnerung blieb, so wie er es sich gewünscht hatte.

Kalt wird es wohl gewesen sein, als man im Januar 1526 seine in ein Tuch gewickelte und mit gelöschtem Kalk bestreute Leiche in einem schlichten Holzsarg die Treppen zur Gruft von St. Anna hinabtrug. Kein Augsburger Chronist nahm von dem bescheidenen Bestattungsritual Notiz; keiner erwähnte die Trauergäste oder die Trauerpredigten. In dem nur 4,30 x 3,60 Meter großen gewölbten Raum wurde Jakob Fugger neben seinen Brüdern Ulrich und Georg zur letzten Ruhe gebettet: im Leben ein König des Geldes – im Sterben ein armer Sünder; nichts hätte die Nichtigkeit des Lebens so deutlich zum Ausdruck bringen können wie dieses bescheidene Begräbnisritual.

ERBE UND NACHFOLGER

Anton Fugger trat sein Erbe in schwieriger Zeit an. Doch es gelang ihm, über alle politischen Stürme hinweg die Fuggerfirma zu retten und zu erneuter Blüte zu führen. Der 1493 als jüngster Sohn Georg Fuggers und der Regina Imhof geborene Anton war sorgfältig ausgebildet worden, hatte in Venedig, Nürnberg, Breslau, Ofen und Rom die Geschäfte der Firma gründlich kennengelernt. Dank der Vorarbeiten seines Onkels erhielt er schon im Frühjahr 1526 die slowakischen Bergwerke von der ungarischen Krone, die wegen ihrer Kriege gegen die Osmanen enormen Geldbedarf hatte, erneut für 15 Jahre zurückverpachtet. Eine stattliche Entschädigungssumme für die erlittenen Verluste kam hinzu. Die Protektion Kaiser Karls V. in der Monopolfrage brachte zudem auch die Tiroler Bergwerke und Hüttenbetriebe wieder zum Laufen.

Eine Generalinventur von 1527 beförderte Erfreuliches zutage: Das Firmenvermögen wurde abzüglich aller Passiva auf rund zwei Millionen Rheinische Gulden veranschlagt. Damit hatte sich das Kapital unter den Händen Jakob Fuggers innerhalb von 14 Jahren um 1,8 Millionen Gulden gemehrt. Das entsprach einem jährlichen Durchschnittsgewinn von circa 55 Prozent! Während Kaiser Maximilian bei seinem Tod seinem Nachfolger einen fantastischen Schuldenberg von geschätzten sechs Millionen Gulden hinterließ, hatte Jakob Fugger für die Seinen vorgesorgt und den Reichtum des Hauses kräftig gesteigert.

Unter Anton Fugger blieb der Montan- und Kreditsektor das wichtigste Standbein des Handelshauses, während der »normale« Waren- und Textilhandel immer stärker an Bedeutung verlor. Die spanische Maestrazgo-Pacht erwies sich über Jakobs Tod hinaus als überaus ergiebig. Für die Pachtperiode 1538 bis 1542 errechnete die Augsburger Firmenzentrale Einnahmen von rund 224.000 Dukaten, was einem Gewinn von knapp 52 Prozent entsprach. Von 1547 bis 1550 wurde nochmals ein Gewinn von 24 Prozent erwirtschaftet. Zufriedenstellend entwickelten sich auch Förderung und Vertrieb von Tiroler und ungarischem Kupfer, das über Antwerpen und Sevilla seinen Weg bis nach Amerika und Afrika fand. Im Schwazer Silberbergwerk am Falkenstein hielten die Fugger zwischen 1530 und 1549 stabil um die 20 Prozent der Produktion.

Um 1546 hatte das Unternehmen seine größte Ausdehnung erreicht. Es verfügte über ein Stammkapital von rund fünf Millionen Gulden. Trotzdem mehrten sich allmählich Anzeichen einer Überdehnung: Die Habsburger hatten Kredite in exorbitanter Höhe bei den Fuggern angehäuft. In der Generalabrechnung von 1533 stand der neue römische König Ferdinand I. mit rund einer Million Gulden bei den Fuggern in der Kreide. Und sein Geldbedarf ließ für die Zukunft nicht merklich nach. Die Kriege um das böhmisch-ungarische Erbe, gegen Osmanen und deutsche Protestanten ließen auf ein Nachlassen des Finanzbedarfs nicht hoffen.

Klugerweise begann Anton Fugger umzuschichten und darüber nachzudenken, den »gemeinen Handel« aufzulösen. Verstärkt wurde in Immobilienbesitz auf dem Land investiert und planmäßig für die eigenen Kinder die Einheirat in Adelsfamilien angestrebt. Durch gute humanistische Bildung der Söhne ließen sich Karrieren an den Höfen der Fürsten und Landesherren, in den Reihen der Kirche oder des Militärs anstreben,

Das Fugger und Welser Erlebnismuseum

Wer Jakob Fugger heute noch leibhaftig begegnen will, kann dies im Fugger und Welser Erlebnismuseum im Augsburger Domviertel. Dort lässt er sich in einem stattlichen Bürgerhaus aus der Zeit um 1530 dank einer Multimedia-Präsentation in seiner Goldenen Schreibstube im Gespräch mit Bartholomäus Welser antreffen, dem er gerade seine Geschäfte erläutert. Auch mit dem Wirtschaftswissenschaftler Professor Hans-Werner Sinn tritt Fugger in den (virtuellen) Meinungsaustausch.

Zugleich lässt sich in dem Museum viel Wissenswertes über die Welt des frühneuzeitlichen Handels im Allgemeinen – über Bergbautechniken, Schiffsrouten, Überseeprodukte – und über Augsburg als Stadt der Reichstage und der Reformation im Besonderen erfahren. Dabei werden auch die Schattenseiten der frühen Globalisierung durch die Ausbeutung von Menschen und Natur thematisiert. Im Obergeschoss des sogenannten Wieselhauses – benannt nach dem Optiker Johann Wiesel, der dort von 1637 bis 1642 lebte und arbeitete – lassen sich Augsburger Patrizier und Patrizierinnen bei Gesprächen über Gott und die Welt belauschen. Sehenswert ist neben dem im Renaissancestil mit Arkaden und Loggien geschmückten Haus auch der hübsche Garten, der eine Bepflanzung im Sinne der Humanisten des 16. Jahrhunderts aufweist.

Das Erlebnismuseum ist in Augsburg im Äußeren Pfaffengässchen 23 zu finden – oder online unter www.fugger-und-welser-museum.de.

die unter dem Zeichen des Erstarkens der Landesherrschaften als sinnvoll erschienen. Als Anton Fugger 1560 starb, war die stille Liquidation des Unternehmens bereits in vollem Gange. Den einst so lukrativen ungarischen Handel hatte er ab 1546 aufgegeben und den Pachtvertrag in Neusohl nicht mehr verlängert. Zwei Jahre später gliederte er die Tiroler und Kärntner Bergwerke aus dem Gesamtunternehmen aus.

Antons Söhne und Neffen führten die Geschäfte in getrennten Unternehmungen noch eine Zeitlang fort. Doch nach zwei spanischen Staatsbankrotten (1557, 1607) und den Verwüstungen des Dreißigjährigen Krieges war das endgültige Ende des stolzen Ausburger Handelshauses gekommen. 1644 wurde der spanische Handel mit Verlust auf- und 1647 die Maestrazgo-Pacht an ein genuesisches Konsortium abgegeben; zehn Jahre später folgte das Aus für die erschöpften Tiroler Bergwerke: Sie wurden 1657 von Leopold Fugger an den Landesherrn zurückverwiesen. Doch zu diesem Zeitpunkt hatten sich die Fuggerschen Linien bereits als veritable Grafengeschlechter fest etabliert. Einen geschäftlichen Konkurs, wie er viele oberdeutsche Handelshäuser in der Frühen Neuzeit betraf, hatten sie bis dato vermieden und ihre »Reputation und Ehre« als Kaufleute gerettet. Als gräfliche und fürstliche Häuser führen die drei bestehenden Familienzweige – die Fürsten Fugger von Glött und Fugger-Babenhausen sowie die Grafen Fugger-Kirchberg – bis heute Jakobs Stiftungswerk fort.

GENEALOGIE DES JAKOB FUGGER

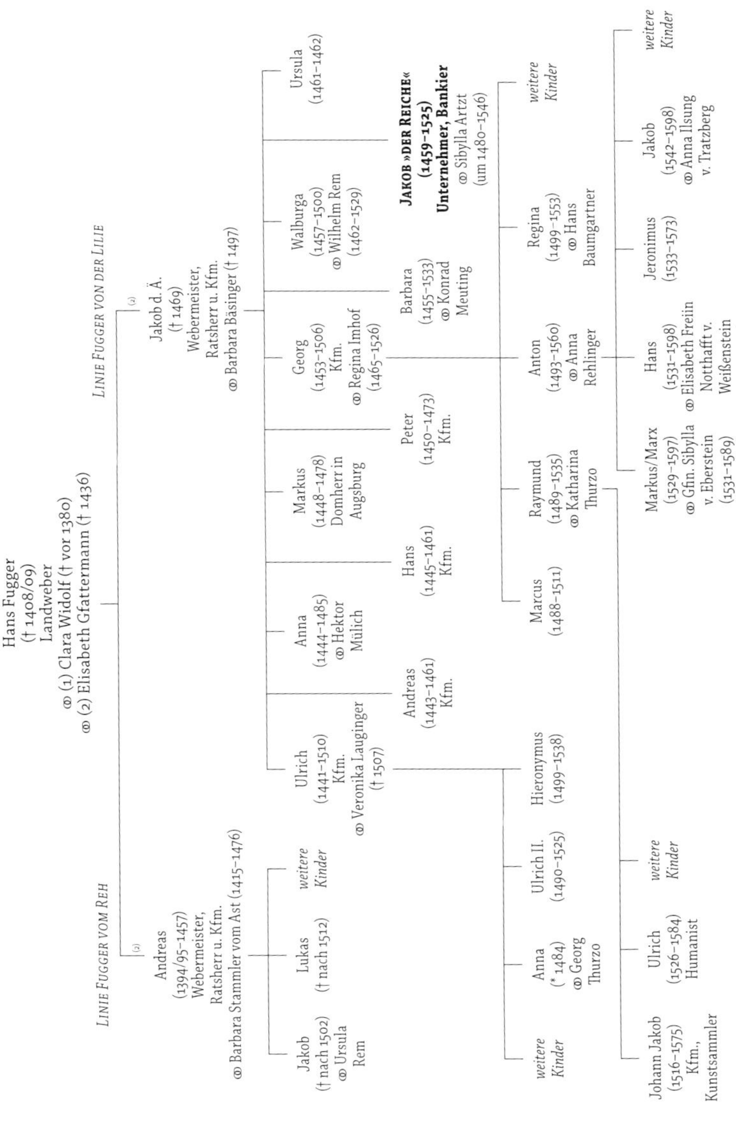

1441	9. Oktober: Geburt von Ulrich Fugger, Jakobs älterem Bruder sowie Vater von Ulrich d. J. und Hieronymus
1453	8. Mai: Geburt Georg Fuggers, dessen Sohn Anton Jakob Fugger einst nachfolgen würde
1459	6. März: Geburt Jakob Fuggers des Reichen in Augsburg als Sohn des Kaufmanns Jakob Fugger d. Ä. und seiner Frau Barbara Bäsinger
1473	Verleihung des Lilienwappens an Ulrich Fugger und Gebrüder durch Kaiser Friedrich III. in Augsburg
1473–ca. 1487	Kaufmännische Ausbildung und Aufenthalt in Venedig
1485	Einstieg in das Kreditgeschäft mit Erzherzog Sigismund von Tirol und damit in den Montansektor
1490	Übernahme Tirols durch König Maximilian I.; Einstieg in den Tiroler Kupferhandel; 17. April: Geburt Ulrich Fuggers d. J., später einer der Nachfolger Jakob Fuggers
1493	10. Juni: Geburt Anton Fuggers, später einer der Nachfolger Jakob Fuggers
1494	18. August: Gesellschaftsvertrag der Brüder Ulrich, Georg und Jakob Fugger über den Gemeinen Handel; 15. November: Vertrag über den Gemeinen Ungarischen Handel in Zusammenarbeit mit dem Krakauer Bergbauingenieur Hans Thurzo
1495	Erwerb eines Bleibergwerks bei Villach in Kärnten; Gründung der Saigerhütte Fuggerau
1498	9. Januar: Heirat Jakob Fuggers mit Sibylla Artzt
1499	Sprengung des Kupfersyndikats durch Dumpingverkäufe ungarischen Kupfers in Venedig; 12. August: Geburt Hieronymus Fuggers, später einer der Nachfolger Jakob Fuggers
1501	Beginn der Kreditgeschäfte mit der Kurie in Rom
1505	Beteiligung an der Ostindienfahrt Francisco d'Almeidas im Auftrag der portugiesischen Krone; Brand des Fondaco dei Tedeschi in Venedig und Wiederaufbau unter starker Beteiligung der Fugger
1506	Finanzierung der Schweizergarde für Papst Julius II.; 14. März: Tod Georg Fuggers
1507	Einzug der Ablassgelder für den Bau der Peterskirche in Rom; Finanzierung des Romzugs Kaiser Maximilians; Erwerb der Grafschaft Kirchberg und der Herrschaft Weißenhorn
1509	Tod des Fürstbischofs von Brixen, Melchior von Meckau; existentielle Krise der Fuggerfirma;

Vertrag mit den Karmelitern von St. Anna über den Bau einer Familiengrabkapelle in der Karmeliterkirche; Erwerb der Hofmark Schmiechen

1510 19. April: Tod Ulrich Fuggers

1511–1523 Kauf und Umbau der Fuggerhäuser am Augsburger Weinmarkt

1512 Neuer Gesellschaftsvertrag mit den Erben Ulrichs und Georgs Fugger; Jakob wird alleiniger »Regierer«

1514 Kauf der ersten Häuser am Kappenzipfel für eine geplante Armensiedlung; Erhebung Jakob Fuggers in den Reichsgrafenstand; Erwerb der Herrschaft Biberbach

1515 Einsatz Jakob Fuggers für die Stiftung einer Prädikatur in St. Moritz, Augsburg; »Großer Zinstraktat« des Ingolstädter Theologen Johannes Eck; Disputation in Bologna

1518 Reichstag zu Augsburg; Verhandlungen über die Wahl Karls V. zum römischen König mit Krediten Jakob Fuggers; Porträtzeichnung Albrecht Dürers von Jakob Fugger; Verhör Martin Luthers durch Kardinal Cajetan in den Fuggerhäusern im Anschluss an den Reichstag

1519 12. Januar: Tod Kaiser Maximilians; 28. Juni: Wahl seines Enkels Karl zum neuen König; Martin Luthers »Sermone gegen den Wucher«

1521 Stiftungsbrief über die drei Augsburger Stiftungen Jakob Fuggers; Einigung über die Abtragung der Wahlkampfschulden Karls V.

1522/23 Monopolklage gegen oberdeutsche Handelshäuser auf dem Nürnberger Reichstag; Gutachten Konrad Peutingers

1523 Fertigstellung der Fuggerei mit 52 Häusern

1524/25 Erster Maestrazgo-Pachtvertrag; Ausbeutung der Quecksilberminen von Almaden; Niederschlagung der Monopolklagen durch den Kaiser

1525 Ausbruch des Bauernkrieges; Verlust der slowakischen Gruben, Plünderung der Faktoreien in Ofen und Hall; 14. Mai: Tod Ulrich Fuggers II.; 22. Dezember: letztes Testament Jakob Fuggers; 24. Dezember: Feier des Weihnachtsgottesdienstes in St. Anna nach lutherischer Art; 30. Dezember: Tod Jakob Fuggers in Augsburg

QUELLEN- UND LITERATURVERZEICHNIS

Benesch, Andrea/Willer, Annalena: Die Fugger. Die deutschen Medici? Ein Vergleich der Kaufmannsgeschlechter der Fugger und der Medici, München 2017

Blickle, Peter: Die Revolution von 1525, München 2004

Böhm, Christoph: Die Reichsstadt Augsburg und Kaiser Maximilian I. Untersuchungen zum Beziehungsgeflecht zwischen Reichsstadt und Herrscher an der Wende zur Neuzeit, Sigmaringen 1998

Burkhardt, Johannes (Hrsg.): Augsburger Handelshäuser im Wandel des historischen Urteils, Berlin 1996

Ders. (Hrsg.): Die Fugger und das Reich. Eine neue Forschungsperspektive zum 500jährigen Jubiläum der ersten Fuggerherrschaft Kirchberg-Weißenhorn, Augsburg 2008

Bushart, Bruno: Die Fuggerkapelle bei St. Anna in Augsburg, München 1994

Cipolla, Carlo M. (Hrsg.): Europäische Wirtschaftsgeschichte, Bd. 1: Mittelalter, Stuttgart/New York 1978; Bd. 2: Sechzehntes und siebzehntes Jahrhundert, Stuttgart/New York 1979

Die Chroniken der deutschen Städte vom 14. bis zum 16. Jahrhundert, hrsg. von der Historischen Kommission der Bayerischen Wissenschaften, Bd. 5, 23 und 25, ND Göttingen 1966

Dauser, Regina/Ferber, Magnus Ulrich: Die Fugger und Welser. Vom Mittelalter bis zur Gegenwart, Augsburg 2010

Ferber, Magnus Ulrich: Augsburg im 16. Jahrhundert, München 2012

Gabler, Astrid (Hrsg.): Die Fuggerei. Geschichte, Bauten, Leben, München 2020

Greiff, B. (Hrsg.): Tagebuch des Lucas Rem aus den Jahren 1494–1541, Augsburg 1861

Gribl, Sigrid: Die Fuggerei. Soziale Heimat seit 1521: Geschichte, Gegenwart und Zukunft, Regensburg 2023

Grünsteudel, Günther (Hrsg.): Augsburger Stadtlexikon, Augsburg 1998

Gruber, Fritz: Das Gold der Fugger. Gastein und Rauris – Bergbau der Fugger im Salzburger Land, Augsburg 2014

Hadry, Sarah: Die Fugger in Kirchberg und Weißenhorn. Herrschaftsverfassung und Leibeigenschaft, Konfessionalisierung und Residenzbildung, Augsburg 2007

Häberlein, Mark: Die Fugger. Geschichte einer Augsburger Familie (1367–1650), Stuttgart 2006

Ders.: Aufbruch ins globale Zeitalter. Die Handelswelt der Fugger und Welser, Darmstadt 2016

Jansen, Max: Die Anfänge der Fugger (bis 1494), Studien zur Fuggergeschichte, Heft 1, Leipzig 1907

Ders.: Jakob Fugger der Reiche, Leipzig 1910

Hollegger, Manfred: Maximilian I. (1459–1519). Herrscher und Mensch einer Zeitenwende, Stuttgart 2005

Josties, Susanne Sofie: Das frühneuzeitliche Augsburg im perspektivischen Blick – Vermessung und Darstellung des urbanen Raums im Plan des Goldschmieds Jörg Seld von 1521, München 2023

Jung, Martin H. (Bearb.): Luther lesen. Die zentralen Texte, Göttingen 2016

Kalus, Peter: Die Fugger in der Slowakei, Augsburg 1999

Kastenholz, Richard: Hans Schwarz. Ein Augsburger Bildhauer und Medailleur der Renaissance, München/Berlin 2006

Kaufhold, Martin (Hrsg.): Augsburg im Mittelalter, Augsburg 2009

Kellenbenz, Hermann: Die Fuggersche Maestrazgopacht (1525–1542), Tübingen 1967

Kießling, Rolf: Die Stadt und ihr Land. Umlandpolitik, Bürgerbesitz und Wirtschaftsgefüge in Ostschwaben vom 14. bis ins 16. Jahrhundert, Köln/Wien 1989

Ders.: Bürgerliche Gesellschaft und Kirche in Augsburg im Spätmittelalter. Ein Beitrag zur Strukturanalyse der oberdeutschen Reichsstadt, Augsburg 1971

Ders.: Kleine Geschichte Schwabens, Regensburg 2013

Kluger, Martin: Jakob Fugger (1459–1525). Sein Leben in Bildern, Augsburg 2009

Ders.: Fugger-Italien. Geschäfte, Hochzeiten, Wissen und Kunst. Geschichte einer fruchtbaren Beziehung, Augsburg 2010

Ders.: Die Fugger um Augsburg, München und Ulm. Adel, Schlösser und Kirchen, Augsburg 2012

Ders.: Die Fugger in Augsburg: Kaufherrn, Montanunternehmer, Bankiers und Stifter, Augsburg 2013

Ders.: Die Fugger im goldenen Augsburg der Renaissance. Denkmäler erzählen Geschichte, Augsburg 2017

Laube, Reinhart/Zäh, Helmut (Hrsg.): Gesammeltes Gedächtnis. Konrad Peutinger und die kulturelle Überlieferung im 16. Jahrhundert, Begleitpublikation zur Ausstellung der Staats- und Stadtbibliothek Augsburg anlässlich des 550. Geburtstags Konrad Peutingers, Luzern 2016

Lieb, Norbert: Die Fugger und die Kunst. Im Zeitalter der Spätgotik und frühen Renaissance, München 1952

Liesz, Norbert/Schneider-Ferber, Karin: Augsburg. Mit Texten in Deutsch, Englisch, Italienisch, Regensburg 2021

Mertens, Bernd: Im Kampf gegen die Monopole. Reichstagsverhandlungen und Monopolprozesse im frühen 16. Jahrhundert, Tübingen 1996

Metzger, Christof/Heiß, Ulrich/Kranz, Annette: Landsitze Augsburger Patrizier, München/Berlin 2005

Müller, Gernot Michael (Hrsg.): Humanismus und Renaissance in Augsburg. Kulturgeschichte einer Stadt zwischen Spätmittelalter und Dreißigjährigem Krieg, Berlin/New York 2010
Oexle, Otto Gerhard: Kulturelles Gedächtnis in der Renaissance. Die Fuggerkapelle bei St. Anna in Augsburg, Köln 2000
Pölnitz, Götz Freiherr von: Jakob Fugger. Kaiser, Kirche und Kapital in der oberdeutschen Renaissance, 2 Bde., Tübingen 1949/1951
Ders.: Die Fugger, Tübingen 1981
Prien, Hans-Jürgen: Luthers Wirtschaftsethik, Nürnberg 2012
Rabe, Horst: Deutsche Geschichte 1500–1600. Das Jahrhundert der Glaubensspaltung, München 1991
Rehse, Ernst-Erich: Der Bilanzbuchhalter. Vom Buchhalter im Mittelalter zu Bilanzbuchhalter der Neuzeit, Wiesbaden 1986
Roeck, Bernd: Geschichte Augsburgs, München 2017
Ders. u. a. (Hrsg.): Venedig und Oberdeutschland in der Renaissance. Beziehungen zwischen Kunst und Wirtschaft, Sigmaringen 1993
Rogge, Jörg: Für den Gemeinen Nutzen. Politisches Handeln und Politikverständnis von Rat und Bürgerschaft in Augsburg im Spätmittelalter, Tübingen 1996
Rohmann Gregor: Das Ehrenbuch der Fugger. Darstellung-Transkription-Kommentar, Augsburg 2004
Schad, Martha: Die Frauen des Hauses Fugger von der Lilie (15.–17. Jahrhundert), Tübingen 1989
Scheller, Benjamin: Memoria an der Zeitenwende. Die Stiftungen Jakob Fuggers des Reichen vor und während der Reformation (ca. 1505–1555), Berlin 2004
Schwerhoff, Gerd: Der Bauernkrieg. Eine wilde Handlung, München 2024
Simnacher, Georg: Die Fuggertestamente des 16. Jahrhunderts, Bd. 1: Darstellung, Weißenhorn (Schwaben) 1994
Ders./Preysing, Maria Gräfin von: Die Fuggertestamente des 16. Jahrhunderts, Bd. 2: Edition der Testamente, Weißenhorn (Schwaben) 1992
Simonsfeld, Henry: Der Fondaco dei Tedeschi in Venedig und die deutsch-venezianischen Handelsbeziehungen, 2 Bde., Stuttgart 1887
Steinmetz, Greg: Der reichste Mann der Weltgeschichte. Leben und Werk von Jakob Fugger, München 2016
Trauchburg, Gabriele von: Häuser und Gärten Augsburger Patrizier, München/Berlin 2001
Westermann, Ekkehard/Denzel, Markus A. (Hrsg.): Das Kaufmannsnotizbuch des Matthäus Schwarz aus Augsburg von 1548, Stuttgart 2011
Zorn, Wolfgang: Augsburg. Geschichte einer europäischen Stadt. Von den Anfängen bis zur Gegenwart, Augsburg 2001

BILDNACHWEIS

Achim Bunz photography: 61
akg-images: 49
Bayerische Staatsbibliothek München: 111 (Cgm 896, fol. 227r.), 145 (Res/4 Th.u. 104,VII,36, Titelblatt)
bpk / Kupferstichkabinett, SMB / Jörg P. Anders: 65
Franz Häußler: Augsburg, alte Stadt mit Kriegsnarben, Augsburg 1984, S. 116: 18
https://commons.wikimedia.org: 13, 23, 24, 32, 55, 57, 80, 82, 114, 155, 157, 160
Kunstsammlungen und Museen Augsburg, Inv. Nr. 3822: 88/89
Norbert Lieb: Die Fugger und die Kunst im Zeitalter der Spätgotik und frühen Renaissance, München 1952, Bildtafel 25: 47
Norbert Liesz: 17
Staatliche Münzsammlung: 103
Stock.adobe.com: 9 (fottoo), 29 (AlexAnton), 35 (Bogdan Lazar), 68 (Silvan), 72 (dina), 107 (Pecold), 123 (Martin), 129 (Massimo Santi), 136 (manfredxy)
Verlagsarchiv: 150

Umschlagabbildungen: Vorderseite: Porträt Jakob Fuggers des Reichen von Albrecht Dürer, 1518/20 (https://commons.wikimedia.org); Rückseite: Wappen der Familie Fugger von der Lilie (https://commons.wikimedia.org)